Bernard Jakoby

Verzeihen ist immer möglich

Bernard Jakoby

Verzeihen ist immer möglich

*Die Bedeutung der Aussöhnung
im Sterben und in den Nachtodkontakten*

nymphenburger

Hinweis zur Zitierungsweise: Alle Beispiele, in denen die Quelle nicht nachgewiesen wird, sind mir persönlich berichtet oder schriftlich und per E-Mail gesendet worden. Einige Beispiele habe ich meiner Webseite entnommen. Namen und Umstände wurden verändert.

© 2013 nymphenburger in der
F. A. Herbig Verlagsbuchhandlung GmbH, München.
Alle Rechte vorbehalten.
Schutzumschlag: Wolfgang Heinzel
Schutzumschlagmotiv: Fotodesign Hildegard Morian
Satz: EDV-Fotosatz Huber/Verlagsservice G. Pfeifer, Germering
Gesetzt aus 10,7/14 pt Sabon
Druck und Binden: GGP Media GmbH, Pößneck
Printed in Germany
ISBN: 978-3-485-01407-6

Auch als

www.nymphenburger-verlag.de
www.sterbeforschung.de

Inhalt

Einleitung

Verzeihen zu können oder Vergebung zuzulassen ist für viele Menschen ein außerordentlich schwieriger Schritt. Manche wissen nicht, warum sie überhaupt verzeihen sollen. Eng verknüpft damit sind Schuldgefühle bzw. Schuldprojektionen auf andere. Was dabei jedoch oft zu wenig beachtet wird: Solange das Versagen eines Menschen oder eine tief gehende Verletzung nicht vergeben werden können, bleiben wir entweder durch Schuldgefühle oder beständigen Groll an diese Person gebunden, selbst nach ihrem Tod. Das ist der Grund, weswegen zahlreiche Verstorbene mit uns in Kontakt treten und um Vergebung bitten wollen.

Vergebung bedarf der Entscheidung, sich von alten ungelösten Problemen freizumachen. Wer verzeihen kann und sich aus freiem Willen dazu entscheidet, wird mit sich selbst ins Reine kommen. Aufgestaute Wut, Hass, Groll, Zorn oder Aggression lösen sich auf, und der Betroffene findet seinen Frieden.

Ich selbst wurde vor einigen Jahren in einer medialen Sitzung mit dem Thema Verzeihen konfrontiert. Ich hatte damals die Absicht, mit meiner verstorbenen Mutter in Kontakt zu treten. Was jedoch geschah, war, dass plötzlich mein Vater da war. Das war für mich sehr überraschend, denn wir hatten immer ein äußerst schwieriges Verhältnis. Ich war von meiner Persönlichkeit her anders, als er sich den idealen Sohn gewünscht oder vorgestellt hätte. Darüber hinaus war er Alkoholiker und häufig unberechenbar und ablehnend. Das änderte sich auch während seiner Krebserkrankung nicht, und so ließ mich sein Sterben relativ unberührt. Das führte natürlich dazu, dass ich

9

nach seinem Tod lange Zeit negative Gefühle hatte, wenn ich an ihn dachte. Sehr vielen Menschen wird es da ähnlich gehen. Zu meiner großen Überraschung sprach mein Vater in dieser medialen Sitzung mit mir. Er bat inständig um Vergebung und zeigte sogar Verständnis dafür, wenn ich ihm nicht verzeihen könnte. Ich weiß nur noch, dass sich in jenem Moment aller Groll auflöste und ich von Dankbarkeit erfüllt war. Endlich konnte ich meinen Vater so annehmen, wie er gewesen war. Solange Wut oder Zorn auf einen Verstorbenen nicht losgelassen werden können, bleiben wir auf ungute Weise mit ihm weiterhin verstrickt.

Sie werden in diesem Buch eine Reihe von ähnlichen Fallbeispielen vorfinden. Denn Verstorbene versuchen immer wieder, auf die Notwendigkeit des Verzeihens hinzuweisen. Vergebung ist ein Akt der Liebe, damit alte Wunden heilen können.

Auch in den Sterbeprozessen zeigt sich in aller Deutlichkeit, dass die unerledigten Dinge an die Oberfläche des Bewusstseins treten. So mancher Sterbende sehnt sich noch in seinen letzten Tagen nach Aussöhnung, Vergebung und Verzeihen, um seinen inneren Frieden zu finden.

Es liegt in der Natur des Menschen, stets Gleiches mit Gleichem vergelten zu wollen. Doch gerade Menschen, die etwas Schreckliches erlebt haben, erinnern uns oft daran, dass das keinen Frieden bringt. Die Eltern des zehnjährigen Mirko, der 2010 auf brutalste Weise missbraucht und ermordet wurde, gaben in einem Zeitungsinterview zu Protokoll, dass sie sich nicht durch Wut, Zorn und Hass auf den Täter zerstören lassen wollten. Deswegen hätten sie beschlossen, ihm zu vergeben.

Das ist eine Entscheidung, die nicht leichtfällt, doch sie entgiftet das Herz. Besonders bemerkenswert war ihre Aussage, alles Weitere Gott zu überlassen, der als Einziger den Wert eines Menschen zu beurteilen vermöge. Etwas so Belastendes an Gott abzugeben befreit den Menschen innerlich.

10

Täter und Opfer sind eingebunden in einen übergeordneten Gesamtzusammenhang, so unvorstellbar das für manche Zeitgenossen auch sein mag. Wir alle tragen den göttlichen Funken in uns, ohne den wir gar nicht lebensfähig sind – unabhängig davon, ob es dem Einzelnen bewusst ist oder nicht. Deswegen ist das Thema Verzeihen stets mit der Frage verbunden: »Wer bin ich? Bin ich der Körper, bin ich das Ego, bin ich die Krankheit, bin ich mein Schicksal?« Wer sich damit auseinandersetzt, wird vielleicht die Entdeckung machen, dass wir weit mehr sind als das kleine Erden-Ich. Er wird erkennen, dass wir Menschen geistige ewige Wesen sind und dass der Tod nur eine Umwandlung in eine andere Form des Seins darstellt. Wer das versteht, sieht auch die Notwendigkeit, alte schwelende Konflikte und Verletzungen in sich wahrzunehmen, um sich endgültig von ihnen befreien zu können.

In unserem Leben werden wir verletzt, und wir verletzen auch andere. Durch Vergebung und selbstverständlich auch durch Selbstvergebung können wir den inneren Frieden wieder erlangen. Dadurch befreien wir uns aus dem belastenden Gefängnis eigener Schuld oder auch von Schuldprojektionen auf andere.

In diesem Buch lesen Sie, was Verzeihen konkret bewirken kann und dass es letztlich nur einer einzigen Entscheidung bedarf, um sich selbst oder anderen zu vergeben. Durch Verzeihen übernehmen wir die Verantwortung für unser Leben im Sinne einer gelebten Eigenverantwortung. Wir sind nicht länger von anderen abhängig und befreien uns von altem Ballast.

Im ersten Teil des Buches wird der grundlegenden Frage »Wer bin ich?« nachgegangen, die uns das übergeordnete Eingebundensein in das Göttliche enthüllt. Wer sein höheres Selbst entdeckt, wird die Erfahrung machen, dass alle wesentlichen Fragen nach dem Woher und Wohin von der inneren Stimme beantwortet werden. Wir erkennen dann, dass wir Liebe sind. Sterbende werden mit ihrer innewohnenden Kraft konfron-

11

tiert, und je mehr sie ihr Sterbenmüssen annehmen können, suchen sie nach Möglichkeiten der geistigen Aussöhnung. Noch in ihren letzten Lebenstagen versuchen sie, sich mit ihren Angehörigen und Freunden auszusprechen, da ihnen bewusst wird, wie kleinlich oder ablehnend sie in bestimmten Situationen gehandelt haben.

Im Sterben zeigt sich sehr deutlich, wie viele jahrelange Konflikte auf banalen Streitereien beruhen, die sich im Laufe der Jahre verselbstständigt und verfestigt haben. Meistens sind ständige Auseinandersetzungen die Folge und ziehen Wut, Hass und Schmerz nach sich. Wenn das erkannt wird, entsteht der aufrichtige Wunsch, diese Dinge bereinigen zu wollen.

Im Kapitel über die Sterbebettvisionen werden neueste wissenschaftliche Ergebnisse erläutert sowie durch eine Vielzahl bisher unveröffentlichter Fallbeispiele die Phänomene beschrieben, die Sterbende kurz vor ihrem Tod erleben. Es ergibt sich der Eindruck, dass eine unsichtbare liebevolle Kraft die Loslösung der Seele vom Körper steuert. Das zeigt sich auch in den immer häufiger auftretenden Berichten über empathische Todeserlebnisse, dem sogenannten Mitsterben, in denen das Verzeihen ebenfalls eine große Rolle spielt.

Im zweiten Teil wird das Phänomen der Nachtodkontakte ausführlich behandelt. Wissenschaftler haben festgestellt, dass Begegnungen und Kontakte mit Verstorbenen seit einigen Jahren immer häufiger auftreten, was darauf hinweist, dass der Schleier zwischen dieser und der anderen Welt durchsichtiger geworden ist. Die vielfältigen und unterschiedlichen Formen von Nachtodkontakten werden anhand vieler neuer Beispiele erläutert.

Auffällig im Gesamtkontext des Buches ist es, dass außerordentlich viele Verstorbene ihre Angehörigen kontaktieren, um Vergebung zu finden. Jeder Verstorbene macht früher oder später die Erfahrung der Lebensrückschau, in der er sich selbst ungeschminkt ins Gesicht schaut und auch mit den Auswir-

12

kungen seiner Gedanken, Taten und Worte auf andere Menschen konfrontiert wird. Die Verstorbenen betrachten dann die Umstände ihres Lebens von einer höheren Warte, da die eigenen Schwächen und Fehler nicht länger verdrängt werden können. Ihnen wird bewusst, dass nur durch Vergebung alte Verstrickungen aufgelöst werden können.

Insbesondere zeigt sich die Reue Verstorbener nach einem Suizidversuch. Diesem Thema ist ein eigenes Kapitel gewidmet. Danach werden neue Wege zur Heilung der Trauer und Aussöhnung mit Verstorbenen in der Psychotherapie beschrieben. Die Auswirkung und Bedeutung der Nachtodkontakte für unser Leben wird ebenso erläutert, wie dargestellt wird, dass Verzeihen auch in medialen Sitzungen eine überaus große und wichtige Rolle spielt. Insofern ist es sicherlich sinnvoll, schon im Hier und Jetzt mit der Vergebungsarbeit zu beginnen. Dann brauchen wir auch das Sterben nicht länger zu fürchten.

13

ERSTER TEIL
Verzeihen als Weg der Befreiung

1. Kapitel

Wer bin ich?

Jeder Mensch ist ein unverwechselbares individuelles Wesen, und jeder erlebt die Welt in seiner subjektiven Art und Weise. Niemand außerhalb von uns hat dasselbe Erleben wie wir selbst, wodurch wir alle einmalig sind. Der Sinn des Daseins besteht darin, durch den Weg der Selbsterkenntnis zu ergründen, wer wir in Wirklichkeit sind.

Die Frage »Wer bin ich?« führt deshalb in den tiefsten Kern der Selbsterkenntnis und offenbart uns das große Thema unseres Lebens: Aussöhnung, Vergebung und Selbstvergebung. Dadurch können wir uns von Leid und Schmerz befreien und werden liebevoller.

Dabei stellt sich die Frage nach der Authentizität des gelebten Lebens. Wer sich selbst erkennen will, wird häufig von der Schwere der Aufgabe entmutigt, da dieser Prozess uns einerseits mit dem tiefsten Kern unseres höheren Selbst konfrontiert, andererseits aber auch die eigenen Unzulänglichkeiten vor Augen führt. Dieser erhebliche Unterschied zwischen unserem göttlichen Funken und dem Menschen, der wir in Wirklichkeit sind, wird uns dabei sehr deutlich.

Für viele Menschen stellt sich die Frage »Wer bin ich?« erst angesichts des eigenen bevorstehenden Todes oder in lebensbedrohlichen Situationen, beispielsweise in einer Unfallsituation.

»Eine Frau fuhr mit ihrem Auto auf der Autobahn, als sie im Rückspiegel einen auf sie zuschießenden Wagen erblickt. Ihre Hände verkrampfen sich um das Steuerrad. Genauso verkrampft hat sie ihr Leben bisher gelebt. Angesichts des bevor-

17

stehenden Aufpralls kann sie die Hände jedoch plötzlich loslassen und die Situation annehmen, statt fatalistisch festzuhalten, vertraut sie sich zum ersten Mal im Leben ihrer inneren Stimme an und überlebt den Unfall.«

Die Konfrontation mit dem Tod ist häufig verbunden mit der Aufhebung aller Ängste, die uns normalerweise blockieren oder mutlos machen und uns hindern, notwendige Dinge in unserem Leben zu verändern. Wir halten gerne fest am Gewohnten und verkrampfen uns buchstäblich, um Veränderungen und den damit verbundenen Herausforderungen aus dem Weg zu gehen.

Wer sind wir, was ist die Rolle, die wir im Leben spielen? Bin ich mein Körper? Bin ich der Lehrer, der Anwalt, der Schriftsteller, oder bin ich die Krankheit, die mich heimsucht? Sind wir gar die Summe der Fehler unseres Lebens, oder sind wir weitaus mehr als unser kleines Erden-Ich, das verstrickt ist in seine alltäglichen Egomachtspiele, seine Wünsche, Begehrlichkeiten und Leidenschaften? Sind wir unsere Beziehungen, sind wir Vater, Mutter oder Tochter?

Die Bedeutung des Bewusstseins

Es ist wichtig, sich mit diesen Fragen ernsthaft auseinanderzusetzen, um seinem höheren Selbst auf die Spur zu kommen. Sie enthalten eine Spur, die uns in unser tiefstes Innerstes führt. Berichte über Nahtoderfahrungen sind voll von Informationen darüber, dass wir in Wirklichkeit eine ewige Geistidentität sind, ausgestattet mit dem derzeitigen Erden-Ich. Dadurch werden die Illusionen darüber und die vielen Rollen, die wir im Leben spielen, hinfällig.

Die Erlebenden einer Nahtoderfahrung befinden sich in einem erweiterten Bewusstseinszustand und erleben gleichzeitig eine

18

Kontinuität ihres Ichs. Das subjektive Ich ist der Filter jeglicher Wahrnehmung.

Bewusstsein hat weder Anfang noch Ende und existiert außerhalb des Körpers. Es ist weder an Raum noch Zeit gebunden und deswegen nichtlokal. Wenn die engmaschige begrenzte Körperwahrnehmung sich bei so einer Erfahrung in das allgegenwärtige Überbewusstsein erweitert, erkennen viele, dass es ein Bewusstsein hinter unserer Erdenpersönlichkeit gibt. Ein Mann drückte das einmal so aus:

»Mir wurde klar, dass Leben Bewusstsein ist, dieses Bewusstsein, das hinter unserer Persönlichkeit steht, war immer da und wird immer sein.«[1]

Ein Mann berichtet mir kürzlich in einem Seminar:

»Ich erinnere mich deutlich, dass eine mir unbekannte Kraft mein Ich-Bewusstsein aus dem Körper zog. Dabei konnte ich alles sehen und hören, was an der Unfallstelle war. Am meisten erstaunte mich, dass meine Ich-Wahrnehmung völlig intakt war, obwohl ich schwer verletzt an der Unfallstelle lag. Doch das ließ mich völlig unberührt. Ich war nicht die irdische Persönlichkeit mit ihren Sorgen und Ängsten, ich war nicht länger der Ehemann oder Vater, sondern eine höhere, umfassendere Form meines Ichs. Ich erkannte, dass ich ein ewiges Wesen bin.«

Alles im sichtbaren und unsichtbaren Universum ist Bewusstsein, in das wir immer eingebunden sind, aus dem wir kommen und in das wir nach unserem Tod zurückkehren. Das wahre Ich ist ein Aspekt des Überbewusstseins; es ist der unverkörperte, unbegrenzte Aspekt der menschlichen Persönlichkeit, der als höheres Selbst bezeichnet wird. Dieses Selbst will erkannt und gelebt werden. Wer damit in Einklang ist, fühlt sich geborgen und geliebt.

19

Die Konfrontation mit dem Tod

Im Sterben werden viele Menschen sich ihres innewohnenden schöpferischen und liebevollen Potenzials zum ersten Mal bewusst. Sie erkennen, wie ihr Leben hätte sein können, wenn sie mehr ihrer inneren Stimme gefolgt wären. Plötzlich machen sie die Erfahrung, geliebt zu werden und angenommen zu sein, wie sie sind. Dieses Bewusstsein steigt aus der eigenen Innenwelt auf und ermöglicht eine Verbindung zum Überbewusstsein.

Durch die allmähliche Loslösung vom Körper eröffnet sich dem Sterbenden die verborgene andere Welt, da sich sein Bewusstsein aus dem begrenzenden Körperbewusstsein gelöst hat. Dieser Blick über den Tellerrand des Gewohnten ist für die meisten Erlebenden ein Moment jenseits der Angst. Die Erfahrung der bewussten Wahrnehmung außerhalb des Körpers transzendiert das kleine Erden-Ich in ein einheitliches Sein von Liebe und Frieden.

Der Sterbeprozess ist für viele mit extremer Gegenwehr verbunden, und doch ist es tröstlich zu wissen, dass die meisten Sterbenden am Ende ihren Frieden finden. Wenn wir sterben, erwachen wir in die Liebe, da es jenseits dieser Welt keine andere Wirklichkeit als Liebe mehr gibt. Das ist verbunden mit der Überwindung des Ego sowie der Erkenntnis, in ein größeres Ganzes aufzusteigen.

Die Unbegrenztheit des Seins wird bewusst und der Erlebende versteht, dass er eine ewige Geistidentität ist, die so viel mehr ist als alle Rollen, die wir auf Erden spielen.

Menschen mit einer Nahtoderfahrung sprechen dann auch davon, dass sie zum ersten Mal ihr wahres Ich mit seinen multidimensionalen Möglichkeiten erkannten und deswegen am liebsten in der anderen Welt geblieben wären. Ein Mann berichtete mir unter Tränen:

20

»Das, was mir das Licht und diese unbeschreibbare Liebe offenbarten, ist eine Art von Freude und Vollkommenheit, wie ich es hier noch nie auch nur ansatzweise gefühlt habe. Dieses Licht ist meine ewige Heimat. Ich konnte erkennen, dass jedes höhere Selbst damit verbunden ist, als Aspekt des EINEN. In dieser Liebe zu sein, macht dir bewusst, wer du in Wirklichkeit bist, aber auch, wie viel Liebe du hättest geben können. Diese unfassbare Macht durchdringt in ihrer Gnade und Fülle alles Sein mit Liebe und du bist ein Teil davon.«

Wer diese Liebesschwingung jemals gespürt hat, ist danach nicht mehr derselbe Mensch. Wer seiner höheren Individualität in die Augen sieht, erkennt die begrenzte Sicht der Dinge aus der menschlichen Perspektive. Das Aufgehen ins Allumfassende und das Wissen um die geistige Natur des Menschen erklärt, warum viele Betroffene nicht zurückkehren wollen, obwohl sie Kinder haben, ihre Eltern sie brauchen oder der Ehemann untröstlich wäre.

Es ist unsere Lebensaufgabe, seelisch und geistig zu wachsen und lieben zu lernen. Das ist der einzige Grund, warum wir auf der Erde inkarniert sind.

Jeder trägt das höhere Selbst in sich. Es ist der stumme Begleiter, die innere Stimme, das Wesenhafte, das in uns nicht altert und uns von der Wiege bis zur Bahre begleitet. Dadurch sind wir mit allem höheren geistigen Wissen verbunden. Das Licht, dem wir am Ende des Tunnels gegenüberstehen, ist unser eigenes untrennbares höheres Selbst. Ein Mann drückte das nach einer Nahtoderfahrung so aus:

»Ich hatte die Empfindung der Vertrautheit, das Gefühl, dass dieses Wesen jegliche Empfindung, die ich jemals gehabt hatte, mit verspürt hat, von meinem ersten Atemzug bis zu meinem Unfall. Als ich dieses Wesen anblickte, hatte ich die Empfindung, dass niemand mich mehr lieben könnte, dass niemand mehr Empathie, Sympathie, Aufmunterung und nicht urteilendes Mitgefühl für mich haben könnte als dieses Wesen.«[2]

Die Spiele des Ego

Es ist unser Erden-Ich, unsere irdische Persönlichkeit, die sich der tieferen Erkenntnis, unserer wahren Natur widersetzt, da sonst die Illusionen und Täuschungen des Alltagslebens zerplatzen würden.

Habenwollen und Begierden jeder Art nähren das Ego, das tief im Körperbewusstsein verankert ist, dem Sitz aller Ängste und Negativität. Das Ego lässt sich von seinen materiellen Wünschen treiben. Es hat Angst vor dem Verlust seiner Identität, da der Tod allem Habenwollen ein Ende bereitet.

Wenn im Sterben die unerledigten Dinge an die Oberfläche des Bewusstseins treten, geht es immer nur um eine Frage: Haben wir Liebe gegeben oder zurückgehalten? Durch die erlebte Bewusstseinserweiterung werden die verdrängten Ängste und die innere Wahrheit darüber, wer wir wirklich sind, freigesetzt. Der Sterbende wird aufgefordert, alles aufzugeben, was nicht authentisch ist.

Es ist nicht leicht, im Leben eingeübte Mechanismen oder Rollen loszulassen, die uns in der Vergangenheit geholfen haben, auftretende Schwierigkeiten zu meistern. Im Laufe der Jahre entwickeln wir uns weiter und das wahre authentische Ich wird stärker.

»Eine Frau erlebte in ihrer Kindheit ständig Auseinandersetzungen mit ihrem alkoholkranken Vater. Wenn er betrunken war, brüllte er wild herum. Die Frau versuchte, sich diesen Situationen zu entziehen, indem sie das Zimmer verließ. Das war ihre Strategie, ihr Muster, mit der Situation klarzukommen. Viele Jahre später, als sie längst verheiratet war, entzog

22

sie sich, sobald nur der kleinste Konflikt auftauchte, innerhalb ihres gewohnten Musters. Sie musste lernen, dieses alte Muster loszulassen.«

Hinter den Umständen unseres Lebens und hinter allen Situationen sind wir ein ewiges geistiges Wesen. Das ist immer viel größer als das, was wir zu sein glauben. Nur das höhere Selbst ist beständig und es wird weder von der Außenwelt noch von unseren Rollenspielen berührt. Wir können unsere wahre Identität und Größe entdecken, wenn wir alle Illusionen von Identität hinter uns lassen, um das wahre Selbst zu leben. Es ist sehr bedauerlich, dass das häufig erst beim Sterben erkannt wird. Dabei geht es immer um das Sein, nicht um das Tun. Insofern ist es von großer Wichtigkeit, das Selbst zu entdecken, um authentisch zu werden und herauszufinden, was wir tun möchten und was nicht. Nur das bringt Frieden und Freude ins Leben.

Wir sind vollkommene Wesen und niemals darauf angewiesen, was andere – die Familie, die Freunde, die Kollegen – von uns denken. Wer ehrlich mit sich ist, erkennt, dass er häufig nur deshalb etwas tut, damit andere ihn schätzen. Damit sehen wir nicht den Wert in uns selbst, sondern manipulieren andere, um sie dazu zu bringen, uns zu mögen.

Aber wir sind nicht dafür zuständig, dass sich jeder andere gut fühlt. Es ist leicht, die Probleme anderer zu sehen, um sich davor zu drücken, die eigenen Dinge anzuschauen. Lassen Sie den anderen ihre Probleme, denn das ist ihr Weg herauszufinden, wer sie sind. Entdecken Sie das Authentische, das Echte in sich. Das ist das Wichtigste im Leben. Es geht nicht darum, das wahre Selbst unter den Schichten künstlicher Nettigkeit zu verbergen. Zur Authentizität gehört immer, ehrlich zu sich selbst zu sein, dazu gehören auch die eigenen Dunkelzonen und Unvollkommenheiten.

23

Das Ende der Täuschungen

Die Verbindung mit dem höheren Selbst ist ein lebenslanger Transformationsprozess, der zu mehr Lebensqualität und in die Fülle des schöpferischen Potenzials führt, über das wir verfügen. Dadurch werden die Täuschungen und Illusionen darüber, was nicht wirklich wichtig ist, erkannt. Im Angesicht des wahren Selbst können alle Ängste aufgelöst werden.

»Luise führte ein zurückgezogenes Leben. Sie arbeitete als Chefsekretärin in einem großen Konzern, was ihr einziger Lebensinhalt war. Alles musste seine Ordnung haben, alles hatte seinen Platz, ob privat oder beruflich. Als sie an Krebs erkrankte, brach die äußere Fassade ihres Lebens zusammen. Sie hatte viel zu wenig geliebt und versuchte stets, den Anforderungen und Erwartungen der anderen zu entsprechen. Luise konnte ihre eigenen wahren Gefühle nicht zulassen und hatte eine Mauer um ihr Herz gelegt. Im Sterben erkannte sie, dass sie sich selbst nie annehmen konnte und dass ihre Handlungen nur der eigenen Angst und den Blockaden entsprachen: die Angst, nicht geliebt zu werden oder kein guter Mensch zu sein und es nicht wert zu sein, in den Himmel zu kommen. Erst im Sterben konnte Luise sich von diesem Ballast befreien.«

Der Mangel an Selbstwertgefühl führt dazu, dass Menschen sich selbst nicht annehmen können. Wer nur die Zuwendung oder Aufmerksamkeit im Außen sucht, entfernt sich von seinem wahren Selbst. Zwanghaftigkeit im Handeln, Unglücklichsein und Selbstentfremdung sind die Folge, wenn Status oder das, was andere von einem denken, zum Maßstab des Lebens geworden ist. Doch wer in seinem Inneren, seinem tiefsten Kern, keine Zufriedenheit, Liebe oder Freude findet, kann das im Außen niemals erzwingen.

24

Der Unterschied zwischen der allumfassenden Liebe und der bedingten menschlichen Liebe begründet die vielen Irrtümer unseres Lebens. Das Zerbrechen der Fassaden unserer Existenz und das Aufsteigen der nicht gelösten Probleme unseres Lebens im Sterbeprozess ist nichts anderes als die Loslösung verdrängter Bewusstseinsinhalte, damit wir erkennen können, wer wir wirklich sind. Nur so kann Heilung von Schmerz und den tief sitzenden Ängsten erreicht werden. Dabei haben wir immer die Wahl zwischen Liebe und Angst! Wer sich ein Leben lang dem Mainstream des Lebens oder des Alltags anpasst, vergisst, dass er ein individuelles, unverwechselbares Wesen ist. Der Strom des lebendigen Geistes befreit von den Anhaftungen dieser Welt, die uns allzu oft im Wege stehen, unser Leben voll auszuschöpfen und das eigene Ich-bin-der-ich-bin zu leben. Viele sind in ihren Rollen erstarrt und ein Leben lang nur damit beschäftigt, die Erwartungen anderer zu erfüllen.

»Monika tat stets das, was ihre Familie und andere von ihr erwarteten: Sie heiratete, zog drei Kinder auf und opferte sich für Mann und Haushalt auf. Sie ließ sich tyrannisieren und nahm alles hin, ohne sich dagegen aufzulehnen. Als ihr Mann ein Pflegefall wurde, betreute sie ihn klaglos über viele Jahre. Nach seinem Tod wollte sie ein neues Leben beginnen, doch dann erkrankte Monika an Krebs. Sie erkannte viel zu spät, dass es das Wichtigste im Leben ist, sich selbst treu zu bleiben und sich niemals von dem abbringen zu lassen, was man eigentlich will.«

Gesellschaftliche Auswirkungen

Die extreme Zunahme von Depressionen jeder Art und dem viel zitierten Burn-out-Syndrom ist Ausdruck einer tief greifenden gesellschaftlichen Tendenz, an den eigenen inneren Bedürfnissen vorbeizuleben, um irgendwann nur noch im Außen zu funktionieren. Das erzeugt einen immensen Druck, der eine weitere Entfremdung nach sich zieht und die Lebensängste, die durch permanente Anhaftungen an äußere Rollen verstärkt werden, eskalieren lässt, bis die Betroffenen diesem Druck nicht mehr standhalten können. Wenn die Menschen erkennen würden, dass das Wichtigste im Leben ist, offen und authentisch zu sein, könnten sie ihre Lebenswirklichkeit positiv verändern.

Wir neigen dazu, den Herausforderungen und Problemen aus dem Weg zu gehen und selbst in der eigenen Familie beispielsweise Depressionen schönzureden oder abzudecken. Wir nehmen Erschöpfungszustände, Apathie oder Einsamkeitsgefühle, die darauf verweisen, dass jemand nicht mehr funktionieren kann, oft nicht ernst. Stattdessen erwarten wir, dass der andere seine äußere Rollen als Vater, Mutter, Freund oder was auch immer erfüllt. Erst wenn ein tatsächlicher Totalzusammenbruch erfolgt, zerbrechen auch die Illusionen einer heilen Welt. Wer an seinem schöpferischen Potenzial vorbeilebt und glaubt, dass nur im Außen Erfüllung und Liebe zu finden sind, hat sich abgeschnitten von wirklicher Kraft und Freude. Der Mensch neigt dazu, auf das Vergängliche zu bauen, statt das Ewige, das Unwandelbare im Hier und Jetzt des Lebens zu suchen und in seine Person zu integrieren.

Die Problematik der Polarität

Die polaren Gegensätze der irdischen Wirklichkeit zwischen Gut und Böse, Aktion und Reaktion, Richtig oder Falsch mauern uns in Strukturen ein, die ein ständiges Verurteilen nach sich ziehen. Das beschwört Konflikte jeder Art herauf, da sich die eigenen subjektiven Erwartungen an der Individualität und der Sichtweise des anderen zwangsläufig reiben werden.

26

In vielen Fällen geht es nur darum, wer recht hat oder nicht. In Wirklichkeit sind es jedoch unsere eigenen Entscheidungen, die das Leben in die Bahnen lenken, die dann als Zufall, Glück oder Schicksal angesehen werden.

»Peter stellte stets die höchsten Ansprüche, wie etwas zu sein hatte, an sich, aber auch an seine Familie. Sein Sohn Tom, der gerne Musiker geworden wäre, studierte Deutsch und Englisch auf Lehramt. Nach Ansicht Peters schaffe er sich damit eine solide Grundlage, da auch er Lehrer war. Tom jedoch war unglücklich und wurde depressiv. Der Vater ignorierte den Gemütszustand seines Sohnes, bis Tom einen Suizidversuch unternahm. Erst danach war Peter bereit, seine starre Haltung von Richtig oder Falsch und vermeintlicher Sicherheit aufzugeben.«

Jeder ist sein eigener Herr und sollte sich schon gar nicht in den zentralen Fragen der eigenen Lebensgestaltung von den Erwartungen oder Meinungen anderer bestimmen lassen. Die wesentlichen Entscheidungen unseres Lebens beruhen immer auf den Impulsen unseres höheren Selbst. Es geleitet uns an die Wendepunkte und Kreuzungen unseres Lebens, an denen wir stets eine Wahl haben, uns für das zu entscheiden, was richtig für uns ist. Damit übernehmen wir die Verantwortung für unser Leben. Viele Menschen können bestimmte Ereignisse in ihrem Leben nicht annehmen und suchen »Schuldige« im Außen. Wer den Weg der Selbsterkenntnis jedoch konsequent verfolgt, wird die Erfahrung machen, dass die Kraft hinter unserer Erdenpersönlichkeit uns dabei unterstützt, die Herausforderungen des Lebens anzunehmen und daran zu wachsen. Durch Vertrauen und Hingabe kann der Einzelne den höheren, immerwährenden Aspekt seines Bewusstseins erkennen und erforschen. Dazu bedarf es lediglich regelmäßiger Ruhe und Stille, um mit seinem Selbst in Kontakt zu kommen. Im

Anhang habe ich drei Meditationen angefügt, die für diesen Prozess sehr hilfreich sein können.

Das innere Erleben eines Menschen im Sterbeprozess macht uns darauf aufmerksam, wie überaus wichtig die Beschäftigung mit dem eigenen höheren Selbst für ein gelingendes Leben ist. Die Liebe, die wir zeit unseres Lebens suchen, die Sehnsucht danach, mit der wir offenbar geboren werden, ist in Wirklichkeit in unserer Innenwelt verankert. Es ist dieses Licht, mit dem wir dann im Sterben und beim Übergang in die andere Dimension konfrontiert werden. Wir stehen dem eigenen höheren Selbst gegenüber, das uns durch alle Tage unseres Lebens begleitet hat.

Es kennt jeden unserer Gedanken und jede unserer Schwächen. Dennoch brauchen wir keine Angst zu haben, da uns seine liebevolle Anteilnahme sicher ist. Das höhere Selbst steuert die inneren Prozesse und ist das Licht, das immer hinter unserer Persönlichkeit steht. Es strahlt Liebe, Mitgefühl und Gnade aus. Ein Mann begegnete diesem inneren Lichtwesen während einer Nahtoderfahrung:

»Ein Lichtwesen, eher eine Gegenwart als jemand Sichtbarer, ein Licht in all dem Licht. Ich erkannte sofort, dass dieses Wesen in mich hineinsehen und meine tiefsten Geheimnisse aufdecken konnte. Ich wusste ohne jeden Zweifel, dass er mich, was immer er in mir sehen würde, verstehen, annehmen und lieben würde.«[3]

Die Betroffenen, die Derartiges erlebt haben, bringen immer wieder zum Ausdruck, dass dieses Licht, in dessen Präsenz sie sich selbst ins Gesicht schauen, ein Stück von ihnen selbst ist. Dieses Licht kennt den Betroffenen in- und auswendig. Wir sind nie getrennt von diesem ewig schwingenden Energiefeld aus reiner Liebe und Harmonie.

28

Die zwei Aspekte der Wirklichkeit

Jeder Mensch besteht aus einer vorübergehenden, sterblichen und erdwärts gerichteten Persönlichkeit, mit ihren Wünschen und illusorischen Anhaftungen. Auf der anderen Seite sind wir ein ewiges unsterbliches geistiges Wesen durch den göttlichen Funken des höheren Selbst. Deswegen ist die Frage nach dem »Wer bin ich?« so überaus wichtig, denn nur darüber erschließt sich der tiefere Sinn unseres Lebens.

In unserer Zeit, in der sich die gesamte Menschheit kollektiv mit einem globalen Bewusstseinswandel auseinandersetzen muss, steht jeder für sich vor der Wahl, das ewige Leben und die Erlösung von allen irdischen Drangsalen zu erreichen oder in die Angst zu gehen und den Neigungen und Verlockungen der irdischen Egopersönlichkeit nachzugeben. Wer der Täuschung erliegt, dass seine irdische Persönlichkeit das Absolute darstellt, sollte sich bewusst sein, dass die polare Struktur von Richtig oder Falsch den Menschen vom innewohnenden göttlichen Funken abschneidet. Die einzige Wirklichkeit ist Liebe und nur in ihr gibt es Einheit. In ihr ist keine Trennung oder Gegensätzlichkeit möglich.

Wir sind geistige Wesen und daher frei und unbegrenzt und nicht abhängig von unseren Emotionen, vom Körperbewusstsein, vom Verstandesdenken, den Bindungen und Verbindungen mit anderen, von irdischen Denk- oder Glaubenssystemen. Wir sind freie, autonome Wesen und eben nicht unser Körper. Insofern müssen wir alle Egoaspekte schlicht und einfach überwinden, damit wir in diese Freiheit aufsteigen können.

Die Widerstände des Körperbewusstseins zeigen sich in aller Deutlichkeit im Sterben des Menschen. Wer seinen bevorstehenden Tod annehmen kann, stirbt wesentlich leichter und friedvoller als jemand, der sich gegen den nahenden Tod auflehnt und wehrt. Sehr viele Menschen erleben im Sterbeprozess die damit verbundene Lockerung der Seele vom Körper und das ist für sie häufig die einzige Begegnung mit dem Kraftpotenzial und der Macht ihres höheren Selbst: Der göttliche Funke erwacht im Sterben des Menschen. Das lässt sich an dem häufig beobachteten fast verklärten Gesichtsausdruck des Sterbenden erkennen. Die Augen als Fenster der Seele beginnen von innen nach außen zu strahlen, was auf die Verbindung mit dem innewohnenden Licht, das wir sind, schließen lässt. Eine Krankenpflegerin erzählte mir:

»Frau Schmidtke lag schon seit längerer Zeit im Sterben und war auf ihren Tod vorbereitet. Plötzlich öffnete sie ihre Augen, die von einem inneren Licht erhellt waren. Sie sprach davon, dass ihre Mutter anwesend sei, um sie abzuholen. Auf ihrem Gesicht lag ein friedliches und schönes Lächeln. Es war, als wäre sie in einer anderen Welt. Ich hatte den Eindruck, dass sie etwas Wundervolles, für mich jedoch Unfassbares erlebte. Ganz sanft glitt Frau Schmidtke in den Tod.«

In einem anderen Beispiel liegt eine Frau bereits im Koma, als sie von ihrem Sterbebegleiter das letzte Mal besucht wird:

»Plötzlich war das Zimmer wie verwandelt. Die Betreuerin und ich spürten eine Gegenwart, die man nicht mit Worten beschreiben kann. Ich verabschiedete mich von ihr mit den Worten meiner Mutter: Die Kraft, die dich erschaffen hat, wird dich auch im Tode tragen.
Obwohl sie im Koma lag, musste sie meine Abschiedsworte gehört haben. Zurückblickend sah ich, wie sie mit weit geöffneten, wunderbar klaren, fast durchsichtigen Kinderaugen nach oben schaute. Auf ihrem Gesicht spiegelte sich etwas, was nicht mehr von dieser Welt war. Mit diesem Blick starb sie.«[4]

Diese Art der Vollendung des Im-Einklang-Seins mit seinem Sterben ist das Resultat des Annehmen-Könnens und der inneren Erfahrung, im göttlichen Licht geborgen zu sein. Das höhere Selbst, der göttliche Funke, steuert den Prozess der Ablösung des Bewusstseins vom Körper. Begleitende bezeichnen das oft als heilige Präsenz, die im Sterbezimmer fühlbar wird. Der überpersönliche Aspekt des Menschen, seine unsterbliche Essenz, ist bereits während unseres Lebens der wahre Kern unserer Persönlichkeit. Wer das in sich selbst entdeckt, ist nie mehr allein und vermag die Täuschungen und Illusionen des Erdenlebens zu durchschauen. Dadurch erfahren wir einen immensen Zuwachs an Ausgeglichenheit, Liebe und Freude. Dann aber haben wir den wesentlichen Kern unserer unsterblichen Essenz erkannt und bleiben mit dieser Liebe untrennbar verbunden.

2. Kapitel

Die Phasen der geistigen Aussöhnung

Jeder, der versucht sein eigenes Wesen zu ergründen, sucht einen Ort des Friedens und der Geborgenheit in sich selbst. Die Frage nach einer höheren Kraft, die uns durch die Wirrnisse und Herausforderungen unseres Lebens begleitet, ist die Frage nach dem Urvertrauen und dem tieferen Sinn des Lebens. Der Glaube an eine höhere Macht mündet in das Vertrauen in die Urkraft hinter allem Sein.

Wenn sich ein Mensch mit der Tatsache seines bevorstehenden Todes auseinandersetzen muss und sich der Endlichkeit und der Vergänglichkeit vielleicht zum ersten Mal im Leben stellt, entwickelt er sehr unterschiedliche Strategien, um seine Sterblichkeit annehmen zu können.

Für Begleitende ist es dann besonders wichtig zu erkennen, dass es im Prozess der Aussöhnung kein Richtig oder Falsch gibt. Wo der eine durch Anbindung an eine spezifische Religion Trost finden kann, sind die Vorstellungen darüber bei einer atheistisch geprägten Person völlig andere ebenso wie bei Menschen, die einer anderen Kultur entstammen.

Unter Spiritualität werden Lebensweisen und Weltbilder verstanden, die über den Materialismus hinausreichen. In unserer Zeit versuchen immer mehr Menschen, bewusster zu leben, um die göttliche Anbindung persönlich zu erfahren. Spiritualität befasst sich mit den Sinn- und Wertfragen des Daseins im Bezug auf eine höhere Wirklichkeit.

Spiritualität drückt sich in verschiedenen Formen aus: durch Gottvertrauen, Gebet oder Meditation, und führt zum Gefühl tiefer Geborgenheit und der Erkenntnis der Existenz einer höheren Wirklichkeit. Toleranz, liebevoller Umgang mit sich selbst und anderen, Hingabe und Dankbarkeit sind die Folge. Dennoch ist die Ausdrucksform von Spiritualität für jeden Menschen unterschiedlich. Sie kann aus dem Anerkennen einer höheren Macht bestehen, wobei ein anderer versucht, direkt mit Gott in Kontakt zu treten. Für andere wiederum bedeutet es die Erforschung der inneren Schichten der eigenen Innenwelt, die Auseinandersetzung mit seinem höheren Selbst. Viele sind natürlich auch durch ihre religiöse Anbindung beeinflusst. Uns allen gemeinsam ist die Tatsache, dass wir geistige Wesen sind und ewig existieren. Der Geist ist die Essenz unseres Seins. Der Körper erhält seine Lebenskraft und Energie durch den Geist, der direkt mit Gott verbunden ist.

Am Ende unseres Lebens müssen wir radikal alles zurücklassen, was für uns von Bedeutung war: Geld, Besitz, Status, Familie, Freunde und die ganze menschliche Gesellschaft. Alles, was vergänglich ist, muss losgelassen werden. Der Augenblick dieser Bewusstheit geht einher mit der Erkenntnis, dass nichts im Leben zufällig geschieht. Der Sinn des Lebens besteht im Eingebundensein in eine höhere Ordnung.

Wenn Menschen an einer unheilbaren Krankheit leiden, ziehen sie eine Bilanz ihres gelebten Lebens. Geld, Status oder Besitz interessieren sie nicht länger und Liebe und Vergebung treten an die erste Stelle. Die Frage nach der höheren Bestimmung des menschlichen Lebens und nach Gott ist stets damit verbunden, dass sich der Blickwinkel von außen in die eigene Innenwelt verlagert. Das ist die Hinwendung an den höheren Aspekt des Selbst. Die Liebe und das Licht des höheren Selbst, die den Sterbenden von innen nach außen ergreifen, geleiten ihn in den Moment, in dem sich alle Ängste und Zweifel aufheben. Der Sterbende erfährt Trost und Zuversicht, da er weiß, dass er im Licht geborgen ist. Dadurch entsteht der Wunsch, die eigene Geistigkeit zu erforschen, um sich mit den Fehlern seines Lebens auszusöhnen.

Der metaphysische Aspekt, der sich dem Sterbenden offenbart, ist vergleichbar mit der Raupe, die zum ersten Mal erkennt, dass sie den Schmetterling nicht nur in sich trägt, sondern dieses freie ungebundene Wesen ist. Viele Sterbende durchlaufen am Ende ihres Lebens unterschiedliche Phasen geistiger Aussöhnung. Am wichtigsten dabei ist die Erkenntnis der Eigenverantwortung, wodurch Sterbende erkennen, was sie selbst zu den Konflikten ihres Lebens beigetragen haben. Durch Offenheit und Authentizität führt diese Selbsterkenntnis ins Verzeihen. Dann erst kann das Sterbenmüssen wirklich angenommen werden. Wer diese inneren Blockaden bereinigt hat, ist meistens von Dankbarkeit und Freude erfüllt.

Verantwortlichkeit

Die Konfrontation mit dem nahenden Tod verhilft vielen Sterbenden dazu, die Verantwortung für die eigenen Gedanken, Worte und Taten zu übernehmen. Die nicht gelösten Probleme des Lebens treten an die Oberfläche des Bewusstseins und konfrontieren den Sterbenden mit seiner eigenen ungeschminkten inneren Wahrheit. Vielen wird erst im Sterbeprozess bewusst, dass alles, was in ihrem Leben geschehen ist, mit ihnen selbst zu tun hat. Während des Lebens projizieren wir die eigene Verantwortlichkeit allzu gerne auf andere und halten sie für die Verursacher unserer Probleme. Wir weigern uns, für die Wut, den Zorn oder die Frustrationen, die hinter unseren Problemen liegen, die Verantwortung zu übernehmen. Dabei geschieht nichts im Leben zufällig.

»Ein fünfzigjähriger Mann war an Magenkrebs erkrankt und lag im Sterben. In seiner Lebensbilanz wird ihm zum ersten Mal bewusst, dass er stets andere für sein Scheitern verantwortlich gemacht hat. Er warf seiner Exfrau immer noch vor,

34

sein Leben durch die Scheidung ruiniert zu haben. Er hatte nie bemerkt, dass er selbst durch eigene Fehler und Vernachlässigungen dazu beigetragen hatte. Als sich sein Sohn weigerte, Maschinenbau zu studieren, wie er es sich gewünscht hatte, damit er ihm seinen Betrieb übergeben kann, brach er jegliche Verbindung ab. Angesichts seines Todes erkannte er, dass er niemals seine Verantwortung oder Erwartungen auf andere projizieren kann. Die schwierigen Situationen unseres Lebens dienen dazu, sich der Eigenverantwortung bewusst zu werden. Nachdem ihm das klar geworden war, rief er seinen Sohn an, um mit ihm ins Reine zu kommen.«

Alles, was im Außen an schlimmen Dingen geschehen mag, ein Wohnungseinbruch, ein Überfall, der Verlust eines Nahestehenden oder was auch immer, dient dem geistigen Wachstum. Die Tragödien und Schicksalsschläge unseres Lebens geschehen, damit wir erkennen, dass sich in unserem Inneren eine unwandelbare, unvergängliche Kraft befindet, die uns durch alle Situationen oder Umstände unseres Lebens hindurchgeleitet. Und wir haben in jeder Situation die Wahl zwischen Angst oder Liebe.

Das ist die wahre Verantwortlichkeit: die Situationen anzunehmen, wie sie sind, und durch den Schmerz hindurchzugehen, aber eben nicht die Schuld oder Verantwortung bei anderen zu suchen. Wir drücken uns allzu gerne vor der eigenen Verantwortlichkeit und wollen sie nicht wahrhaben. Die Erfahrungen der Sterbenden verweisen uns darauf, dass wir für unsere Handlungen selbst verantwortlich sind.

Jeder wird sich der Essenz seines Lebens stellen müssen, ob er nun ein Dieb war, ein Wissenschaftler oder ein Priester. Früher oder später werden wir mit den Konsequenzen und Auswirkungen unseres Lebens auf andere konfrontiert. Wenn wir für unser Leben die Verantwortung übernehmen wollen, ist es vor allem wichtig, offen und authentisch zu sein.

Offenheit

Um Blockaden, Ängste oder verdrängte Probleme zu heilen, werden wir aufgerufen, unsere wahren Gefühle wahrzunehmen und auszudrücken. Viele können nicht eher das Ende ihrer körperlichen Existenz annehmen, bis sie die Wut und die Ängste, die sie ein Leben lang blockiert haben, offen und ehrlich zum Ausdruck bringen.

Es liegt in der menschlichen Natur, dass wir ständig über andere Urteile fällen, wütend oder kleinlich sind oder gar Hass empfinden. Dazu gehört auch die Wut auf Gott, wenn wir ihn beispielsweise beschuldigen, dass ein naher Angehöriger so früh sterben musste oder wir zwei kleine Kinder zurücklassen müssen. In all diesen Fällen ist es am wichtigsten, sich die eigenen Gefühle einzugestehen. Vorher kann keine Heilung geschehen.

Nur das bringt uns in die Liebe und die Anbindung an den göttlichen Funken des höheren Selbst. Wir werden erkennen müssen, wer wir wirklich sind und dass das Heilungspotenzial nur in unserem Inneren zu finden ist.

Es sind der Mangel an Liebe, die aufgestaute Wut, der Hass, die Gier und vor allem die Angst, die Menschen daran hindern, nicht die Liebe in den Mittelpunkt ihres Lebens zu stellen, sondern durch Misstrauen, Überheblichkeit oder Tyrannei anderen wehtun. Wenn diese Art von Negativität im Sterbeprozess bewusst wird, werden die Aspekte dadurch aufgelöst, dass der Sterbende sie erkennt und annehmen kann. Wer sich offen und ehrlich eingestehen kann, den Mangel an Liebe gelebt zu haben, kommt dadurch in Berührung mit seinem tiefsten inneren Kern.

Viele Sterbende entdecken ihre innere Stärke und ihr schöpferisches Potenzial erst im Angesicht des Todes. Sie waren sich selbst gegenüber nicht offen genug und haben sich hinter den Masken und Rollen ihres Lebens versteckt. Sie waren nicht

36

ehrlich und haben sich von anderen im Außen manipulieren lassen.

»Ein Mann hatte einen Herzinfarkt und war mit der Tatsache konfrontiert, seine drei Kinder, die er allein aufgezogen hatte, zurückzulassen. Peter war fünfundsechzig Jahre alt und seine Kinder in den Dreißigern. Er war stets ein guter Vater gewesen, war aber auch sehr hart und verschlossen. Er wirkte nach außen hin sehr stark und versuchte, dieses auch seinen Söhnen zu vermitteln. Durch den frühen Tod seiner Frau war er innerlich verhärtet. Peter hatte nie offen über die Wut, den Schmerz und seine stille Verzweiflung sprechen können. Erst kurz vor seinem Tod wurde er weich und konnte zum ersten Mal seinen Kindern seine Liebe zeigen. Er hatte seine Rolle als Vater, der glaubte, immer stark sein zu müssen, durch sein wahres Selbst ausgetauscht.«

Verzeihen

Wer in seinem Inneren die geistige Anbindung sucht, den Bereich der Stille und des Friedens, kommt an den Punkt, an dem jegliche Angst endet. Im Sterben ist das der Moment, in dem der Sterbende loslassen kann, sich anheimgeben kann, voll Vertrauen im Gewahrsein der Liebe.

Wer offen und authentisch sein Leben betrachtet und die Verantwortung dafür übernimmt, möchte sich mit denen aussöhnen, denen er ein Unrecht angetan hat. Nur durch Vergebung können wir uns von den Altlasten und den Bindungen an Hass und Kränkungen befreien. Deswegen sehnen sich so viele Sterbende noch in ihren letzten Erdentagen nach Aussöhnung.

Alles, was geschieht, hat mit uns selbst zu tun, und wenn ich jemandem vergebe, der mir vor dreißig Jahren ein Leid angetan hat, heißt das nicht, dass die Beleidigung in Ordnung war.

Es ist niemals in Ordnung, andere bewusst zu verletzen. Wer verzeihen kann, entlässt sich aus dem eigenen Schmerz, der Wut oder Hilflosigkeit und kann die Situation annehmen, wie sie tatsächlich war.

Das schließt natürlich die Möglichkeit der Selbstvergebung mit ein. Wir alle machen Fehler, jeder Einzelne von uns, und so manchem Sterbenden wird erst durch die Lebensbilanz bewusst, wo er durch Sturheit oder Wut einen anderen zutiefst verletzt hat. Fehler gehören zum menschlichen Leben. Wer stets perfekt sein will und seine eigenen Schwächen verleugnet, lebt in der ständigen Angst zu versagen. Nur im Annehmen der Dinge, wie sie sind, liegt die Kraft des Loslassens. Das gilt in besonderer Weise für alles Vergangene. Wie viele unnötige Konflikte entstehen, wenn Eltern ihre Werte und Erwartungen, wie das Leben zu sein habe, auf die Kinder projizieren.

»Herr Seifert, zweiundsiebzig, litt seit längerer Zeit an einer nicht mehr zu heilenden Leukämie. Er wusste, dass er nicht mehr lange leben würde, konnte aber nicht sterben. Er war ein herrischer, sehr bestimmender Mensch, der Probleme damit hatte, die Meinungen anderer zu akzeptieren. Damit hatte er es sich selbst auch in seiner Familie sehr schwer gemacht. Im Laufe der Jahre verhärtete er immer mehr und war unfähig, seine Gefühle zum Ausdruck zu bringen.
Darunter litt besonders sein jüngster Sohn, den er wegen seiner Homosexualität verachtete. Nun wurde Herr Seifert mit seiner angestauten Wut und Ohnmacht darüber, dass jemand ein Leben führte, das seinen Maßstäben nicht entsprach, konfrontiert. Er erkannte nun, wie sehr er seinem Sohn mit seiner starren Haltung unrecht getan hatte. Er bat seine Frau, den Sohn zu informieren, dass er sich mit ihm aussprechen wollte. Einige Tage später besuchte ihn sein Sohn. Der Vater gab zu, einen großen Fehler gemacht zu haben. Es tat ihm unendlich leid, so viel Zeit, die sie zusammen hätten verbringen können,

durch seine Sturheit verloren zu haben. Der Sohn konnte seinem Vater aufrichtig vergeben und Herr Seifert starb wenige Tage später in Frieden.«

So lange, wie wir jemandem etwas nachtragen und nicht bereit sind zu vergeben, machen wir uns selbst damit das Leben schwer. Groll, Wut oder Hass binden uns an die Betroffenen, unabhängig davon, ob sie noch leben oder schon gestorben sind. Wir leben in einer Vergangenheit, die schon lange nicht mehr ist. Dadurch ist es unmöglich, das Jetzt zu erkennen, da die Aufmerksamkeit in diesen alten Verletzungen steckt, die immer nur weitere negative Gefühle nach sich ziehen. Es ist sehr schwierig, mit alten Verletzungen zu leben, die ständig neu aufgerührt werden. Die alten Wunden sind im Körperbewusstsein verankert und oft getarnt durch die Angst, verletzt zu werden. Wer sich seine Fehler oder das Unrecht, das er begangen hat, eingestehen kann, wird daran wachsen und reift an Liebesfähigkeit. Das Leben ist ein beständiger Lernprozess und immer auch mit der Einsicht verbunden, fehlbar zu sein. Wer seine unerledigten Probleme bereinigt, wird offener im Umgang mit anderen Menschen und kann wirklich verzeihen. Wut, Schmerz oder auch Rachegedanken wegen einer Beleidigung, die durch einen anderen ausgelöst wurde, lenken uns stets in die Polarität von Aktion und Reaktion. Wir entfernen uns dabei von uns selbst, da wir stets aufs Neue, in äußerst schädlicher Weise, auf ein Unrecht reagieren, das uns irgendwann angetan worden ist. Wenn es im Sterben in den letzten Tagen zu einer Aussöhnung kommt, können wir erleben, dass die Verhärtungen oder Ablehnungen dem anderen gegenüber sich mitunter über vierzig Jahre oder mehr durch ein Leben gezogen haben.

»Zwei Schwestern hatten sich vor zweiundvierzig Jahren auf einer Familienfeier wegen unterschiedlicher Auffassung über

Kindererziehung zerstritten. Sie sprachen nie wieder ein Wort miteinander. Erst als eine Schwester mit fünfundachtzig Jahren im Sterben lag, erhielt sie Besuch von ihrer Schwester. So viele Jahre hatten sie wegen einer unbedeutenden Meinungsverschiedenheit jeglichen Kontakt abgebrochen, und der Ärger und die Wut über die andere plagten beide ihr ganzes Leben. Erst angesichts des bevorstehenden Todes der Schwester fanden sie wieder zueinander und söhnten sich aus durch Vergebung. Nun konnten beide ihre negativen Gefühle loslassen und endlich Frieden finden im Hier und Jetzt.«

Es ist sehr schwer, mit Hass im Herzen zu sterben. Wenn wir ein Leben lang vor uns selbst davonlaufen und nachtragend jeden Fehler oder jede Beleidigung, die uns widerfahren ist, festhalten, sind wir nicht offen für das Potenzial an Freude, das uns das Leben im Jetzt bietet. Wir reagieren auf Situationen noch viele Jahre später, indem wir uns stets aufs Neue mit alten Verletzungen auseinandersetzen. Der Schmerz, das Gefühl, versagt zu haben, und Schuld und Angstgefühle jeder Art verhindern, die Situation aus der Vergangenheit anzunehmen, wie sie war, und loszulassen. Bedenken Sie auch, dass jeder auf seine Weise zu derartigen Streitereien beiträgt. Wir können das im Nachhinein nicht verändern, doch können wir unseren Eigenanteil erkennen und die Situation heute verändern, zum Beispiel indem wir das Gespräch suchen und der anderen Person von uns aus verzeihen.

Bei jeder Lebensbilanz geht es um die Frage, ob wir Liebe gelebt haben oder nur den Mangel daran. Wenn wir liebevoll mit unseren Mitmenschen umgehen und echtes Mitgefühl für ihre Sorgen und Nöte entwickeln, nehmen wir auch die Verletzungen, die uns andere zufügen, nicht so persönlich. Sehr viele Menschen können erlittene Beleidigungen weder vergessen noch verzeihen. Eine Sterbebegleiterin berichtete mir:

40

»Frau Rosig hatte sich schon vor über dreißig Jahren von ihrem Ehemann getrennt, da er sie geschlagen und gedemütigt hatte. Mit dreiundsiebzig Jahren kam sie in unser Hospiz aufgrund einer unheilbaren Krebserkrankung. Ich habe noch nie eine so verbitterte Frau kennengelernt. Sie kannte nur ein Thema und das waren die Wut und der Hass auf ihren Mann. Sie machte ihn für alles Leid ihres Lebens verantwortlich. In all den Jahren nach der Trennung war sie absolut unversöhnlich und tief gekränkt, als wäre das alles erst gestern geschehen. Sie hielt ihre Wut für Charakterfestigkeit und seelische Stärke. Sie konnte nicht erkennen, dass eine derart negative Gesinnung nicht nur ihr Leben zerstört hatte, sondern auch ihre Gesundheit ruinierte. Sie verharrte bis zum Schluss in dieser Haltung und lehnte jegliche Hilfe von den Begleitenden ab.«

Eine solch unversöhnliche Haltung dem Leben und dem Schicksal gegenüber führt in trübe Gedanken und negative Gefühlszustände. Sie ist verbunden mit einem Abgeschnittensein vom eigenen göttlichen Kern. Wer nicht vergeben kann, erschafft eine Mauer der Unnahbarkeit und isoliert sich von seinen Mitmenschen. Jemand mit einer derartigen Struktur ist häufig allein und vereinsamt. Unversöhnlichkeit erschwert ein friedliches Zusammenleben innerhalb der Familie, der Verwandten oder der Freunde, da keine wirkliche Harmonie entstehen kann.

Jeder von uns wurde in seinem Leben von anderen verletzt. Wie oft fühlen wir uns missverstanden, ungerecht behandelt oder gedemütigt. Rachegedanken, Wut, Groll oder Zorn, verbunden mit dem Wunsch, es dem anderen heimzuzahlen, entfernen uns von uns selbst. In wie vielen Beziehungen oder Ehen machen sich die Betroffenen das Leben zur Hölle durch zwanghafte Erwartungen an den anderen, indem alte Geschichten wieder und wieder aufgewärmt werden. Bereits vernarbte Wunden werden durch alte Vorwürfe ständig neu aufgerissen. Wenn jemand nicht imstande ist, die Vergangenheit loszulassen und einen Strich darunter zu ziehen, führt das in Kleinkariertheit und engstirniges Denken. Der Mangel an Liebe triumphiert. Das eigene Ego will im Mittelpunkt stehen und alle Aufmerksamkeit auf sich ziehen. Auf diese Weise lässt sich kein innerer Frieden herstellen. Wenn wir nicht vergeben können, bleiben wir an alte Verletzungen gebunden. Schlimmer noch: Wir ziehen die fortwährenden negativen Energien der Vergangenheit in unser gegenwärtiges Leben. Wer nicht vergeben kann, dem fehlt es an innerer Stärke. Das ist das Resultat eines wenig belastbaren Egodenkens, das irrtümlicherweise zu der Ansicht führt, dass wir uns demütigen oder erniedrigen, wenn wir verzeihen. Wer keinen Fehler vergeben kann und keine Entschuldigung akzeptiert, befindet sich im Käfig seines selbst geschaffenen Egoismus.

Wer vergeben kann, befreit sich von allem Kummer. Nur dadurch können wir uns von einer schweren Last befreien. Wir entlasten die blockierenden und verzehrenden Gedankenkreise des Hasses und des ständigen Gekränktseins. Nur durch Vergebung werden wir fähig, uns selbst zu verzeihen. Wenn wir ehrlich sind uns selbst gegenüber, erkennen wir, dass wir in den meisten Fällen selbst dazu beigetragen haben, dass eine Situation eskaliert ist.

Selbst im Fall eines Kindes, das brutal ermordet und missbraucht wurde, können wir Frieden nur durch Vergebung finden, indem wir die Situation annehmen, wie sie ist. Dann erst kann der Schmerz mit der Zeit losgelassen werden. Das ist sicher kein einfacher Weg.

Die Einsicht in die eigenen Schwächen und Unzulänglichkeiten stärkt den Mut zum Verzeihen. Wenn wir uns in unserem Alltagsleben immer wieder darauf einüben, brauchen wir das Sterben nicht zu fürchten.

42

Der Sinn des Leidens

Den meisten Menschen bleibt es nicht erspart, leidvolle Erfahrungen in ihrem Leben zu machen. Das gehört einfach zu unserem Leben dazu. Nur der Mensch ist fähig, bewusst zu leiden. Allerdings können wir dem Schmerz gegenüber eine bestimmte Haltung einnehmen und das Leiden annehmen oder uns dagegen auflehnen. Dabei verkennen wir, dass Leiden uns bereichern kann. So mancher wächst dadurch über sich selbst hinaus. In diesem Sinn ist Leiden eine tiefe Selbsterfahrung, die uns mit unserem inneren Kern und schöpferischen Potenzial in Verbindung bringen kann und zu mehr Mitgefühl führt mit uns selbst und anderen. Wir haben die Wahl, das Leiden anzunehmen oder daran zu verzweifeln oder sogar daran zu zerbrechen.

Seelisches Wachstum, Reifung sowie die Erfahrung, im tiefsten Inneren geborgen zu sein, lässt uns erkennen, dass nur bedingungslose Liebe wirklich zu heilen vermag. Für sehr viele Menschen stellt eine schwere Krankheit, der sie sich stellen müssen, einen Wendepunkt im Leben dar. Sie sind dann nicht mehr dieselben Menschen, die sie vorher waren. Wer den Schmerz oder die Krankheit annehmen kann und hindurchgeht, kommt mit seiner inwendigen Kraftquelle in Berührung. Dadurch wird es möglich, die Herausforderung zu überstehen und daran zu wachsen.

Nicht von ungefähr haben wissenschaftliche Forschungen bei Menschen nach einer Nahtoderfahrung erhebliche Persönlichkeitsveränderungen festgestellt. Die Konfrontation mit dem Tod und dem Zentrum der tiefsten Angst ins Gesicht geschaut zu haben verändert den Erlebenden. Er hat die persönliche Erfahrung gemacht, Teil eines größeren Ganzen zu sein. Der Nahtoderfahrene weiß, dass der Tod eine Illusion ist. Dadurch verändert sich die Sichtweise auf das Leben dramatisch: Es ist das Ende der Angst!

In den Tagebuchaufzeichnungen einer unheilbaren Krebspatientin heißt es:

»Es hat mich erwischt, es ist endgültig. Warum gerade ich? Das Leben ist so schön für mich, soll es zu Ende sein? Der gepeinigte Leib – früher wusste ich nicht, was das heißt. Die Bäume, diese verfluchten Bäume! Sie werden im nächsten Frühling wieder blühen, und ich? Meine Kinder und mein Mann, wie werden sie es bewältigen? Friede ganz tief innen kostbar.«[5]

Der seelische Reifungsprozess der Frau besteht in der Auseinandersetzung mit der Tatsache, dass die Zeit des Abschieds nahe rückt. Schwerkranke wollen dem Schmerz auf den Grund gehen und nach Ursachen im eigenen Leben forschen. Wer sich selbst hinterfragt, um herauszufinden, welche mögliche Botschaft hinter dem Schmerz liegt, wird mitunter Heilung erfahren.

Heute werden allzu leicht körperliche oder seelische Symptome durch Tabletten oder Spritzen unterdrückt. Das Leiden wird von den Menschen nicht angenommen. Wir haben jedoch immer die Wahl, es als Möglichkeit des geistigen Wachstums zu betrachten, die Chance zu ergreifen, alte Muster aufzulösen oder die Lebensumstände als Zumutung zu verstehen. Letztlich veranlassen leidvolle Zustände zu einem heilsamen Aufarbeiten des eigenen Lebens. Wir werden bewusster und dankbarer, das Leben wird leichter.

Wer die Erfahrung macht, auf die Hilfe anderer angewiesen zu sein, vermag dadurch demütiger und geduldiger zu werden und das Ego durch Dankbarkeit und Akzeptanz zu transzendieren. So mancher wächst über sich selbst hinaus. Das liegt auch daran, dass während einer schweren Erkrankung die sonst üblichen Ablenkungsmanöver nicht länger möglich sind. In einem Seminar sprach eine Frau von ihrem Erleben:

»Ich erlitt einen schweren Hirnschlag und war daraufhin halbseitig gelähmt. Selbst mein Sprachzentrum war betroffen. Ich konnte es mir überhaupt nicht erklären, wie es zu dieser Situation kommen konnte. Ich habe immer gesund gelebt und nur der Stress in der Schule, an der ich als Lehrerin arbeite, konnte doch nicht so etwas herbeiführen. Doch da lag ich nun, bewegungsunfähig und fast sprachlos. Im Laufe einiger Wochen erkannte ich, dass ich nie wirklich Zeit für mich hatte und schon viel zu lange nur noch funktionierte für Familie und Arbeit. Jetzt war ich zum ersten Mal in meinem Leben auf mich selbst zurückgeworfen und wusste, dass ich mein Leben von Grund auf verändern muss. Das war ein langer schmerzhafter Prozess, doch heute fühle ich mich von altem Ballast befreit und arbeite nicht mehr so viel. Ich bin im Einklang mit mir selbst.«

Wenn wir nicht wissen, wozu wir leben, und immer nur den Anforderungen anderer entsprechen, gehen wir unbewusst durch unser Leben. Wir sind auf dieser Erde, um in erster Linie lieben zu lernen, um geistig voranzukommen. Das beinhaltet, Verluste und Schicksalsschläge anzunehmen. Es ist verbunden mit der Frage, was ein bestimmtes Ereignis für unser Leben bedeutet, damit wir die notwendigen Schritte des geistigen Wachstums erkennen. Wenn Dinge geschehen, die wir nicht für möglich gehalten haben und von denen wir glaubten, dass wir sie nicht überleben würden, ist es häufig verbunden damit, dass wir an den tiefsten Punkt der inneren Kraft gelangen, die uns durch das Leiden hindurchträgt.

»Eine allein erziehende Frau lebte nur für ihren vierzehnjährigen Sohn, der ihr alles im Leben war. Sie machte sich ständig Sorgen und Gedanken darüber, wo sich ihr Sohn aufhalten könnte oder was er gerade tat. Eines Abends erschien Peter nicht wie gewohnt zum Abendbrot. Sie geriet in Panik und rief

45

bei allen Freunden an, doch keiner wusste, wo er war. Dann klingelte es an der Haustür und vor ihr standen zwei Polizisten in Uniform. In dem Moment wusste sie, dass etwas Furchtbares geschehen war. Die Polizisten teilten ihr mit, dass Peter beim Überqueren der Straße von einem zu schnell fahrenden Auto erfasst worden war. Er starb noch an der Unfallstelle. Für Sandra brach eine Welt zusammen und sie war wie betäubt von ihrem seelischen Schmerz. Sie konnte Peters Tod nicht annehmen und verlor jeglichen Lebensmut. Das Schlimmste, was sie sich hätte vorstellen können, war geschehen. Sie wollte niemanden mehr sehen. Sechs Monate später ging sie auf Anraten einer Freundin zu einer Trauerselbsthilfegruppe. Hier fand sie Verständnis und Erleichterung bei Menschen mit ähnlichen Erfahrungen. Sie konnte sogar schrittweise die Wand aus Trauer und Wut auf den Fahrer abbauen und ihm verzeihen. Heute leitet sie eine Trauergruppe für Eltern, die ihr Kind durch einen Verkehrsunfall verloren haben.«

Leiden kann zu einem inneren Fortschritt führen, wenn wir uns fragen, was ich persönlich aus einer Enttäuschung oder einem Verlust zu lernen habe. Wir leiden am meisten durch und wegen uns selbst. Wenn wir aus Vergangenem nichts lernen, werden sich unsere Muster so lange wiederholen, bis wir für neue Einsichten und Veränderungen bereit sind. Leiden jeder Art ist immer eine Möglichkeit, daran zu wachsen und zu reifen. Das führt dazu, dass wir erkennen, dass Schuld, wie wir das verstehen, Illusion ist.

Das Ende der Schuld

Schuldgefühle sich selbst oder anderen gegenüber können ein Leben vergiften, ebenso Schuldzuweisungen an andere. Sie können nur durch Bewusstwerdung und Vergebung aufgelöst werden. Wenn ein Mensch gegen seine persönlichen Werte oder Glaubenssysteme verstößt, entstehen Schuldgefühle. Sie sind eine Art der Selbstverurteilung und die Folge dessen, was wir als Kinder gelernt haben: die Bedürfnisse anderer wichtiger zu nehmen als unsere eigenen. Wir erleben schon früh, dass in dieser Welt Zuwendung und Zuneigung an Bedingungen geknüpft werden. Die wenigsten Menschen wissen, was wahre bedingungslose Liebe überhaupt ist. Das geht so weit, dass sich manche schuldig fühlen, wenn sie die eigene Unabhängigkeit leben wollen.

»Eine Frau lebte viele Jahre an der Seite ihres tyrannischen Ehemannes. Ständig versuchte er ihr vorzuschreiben, was sie zu tun oder zu lassen hätte. Sie erstickte an dieser Einengung und konnte ihr Leben lang nicht ihre eigenen Wünsche und Vorstellungen realisieren. Sie war immer nur für alle anderen da. Niemand fragte, wie es ihr damit ging. Sie empfand es als ein Leben in Knechtschaft, hatte aber nie den Mut, sich ihrem Mann zu widersetzen.

Im Laufe der Jahre entwickelte sie Schuldgefühle ihrem Mann und Familie gegenüber. Ihr war als Kind beigebracht worden, die Familie als höchstes Gut zu schätzen, dem sich alle eigenen Bedürfnisse unterzuordnen hätten. Als ihr Mann plötzlich verstarb, verstärkten sich ihre Schuldgefühle. Jetzt konnte sie ihn nicht länger für ihr Unglück verantwortlich machen. Dadurch erkannte sie ihren eigenen Kardinalfehler: Sie hatte nie mit anderen über ihre eigenen Bedürfnisse gesprochen und nie den Mut aufgebracht, diese einzufordern. Durch Schuldprojektionen lassen sich derartige Versäumnisse nicht auflösen. Sie wusste, dass sie ihre alten Verhaltensmuster loslassen musste und vor allem sich selbst und anderen verzeihen. Sie schaffte es noch mit siebzig Jahren, endlich ein ihr angemessenes Leben aufzubauen.«

Die Schuldgefühle in unserem Leben setzen sich von der Kindheit bis ins Erwachsenendasein fort. Sie hindern uns daran, der Mensch zu sein, der wir in Wirklichkeit sind. Schuldgefühle sind oft fordernd, kaum zu unterdrücken und wirken in letzter Konsequenz bestrafend, da wir uns selbst schaden. Wie viele Menschen glauben, Gott, der Gesellschaft oder der Familie niemals Genüge getan zu haben.

Gleichfalls können Schuldgefühle ein Kompass dafür sein, wenn etwas in unserem Leben falschläuft. Sie sind stets ein Spagat zwischen einer Handlung, die mit dem, was wir im Innersten glauben, nicht in Einklang steht. Deswegen gehört Schuld zur menschlichen Erfahrung an sich.

Mitunter versuchen wir bewusst, Schuldgefühle bei anderen zu wecken, um spezifische Reaktionen zu erzwingen. Viele Menschen glauben, dass sie die Aufmerksamkeit oder Liebe eines anderen gewinnen können, wenn sie ihn für ihre Aggressionen verantwortlich machen. Sie wünschen, dass sich die Person schuldig fühlt, um Gefühle und Zuwendung zu erzwingen, obwohl der andere das nicht empfindet. Gleichzeitig erhöht sich der innere Leidensdruck, wofür ebenfalls der andere verantwortlich gemacht wird.

Dieses permanente Egospiel von Aktion und Reaktion führt in immer tiefer werdende Verstrickungen. Wir sprechen den anderen schuldig für unser Leiden. Statt ihn anzunehmen, wie er ist, wird eine Scheinwelt aufgebaut aus Erwartungen und Bedingungen, die mit wahren Gefühlen nicht mehr das Geringste zu tun haben.

Aggression, Provokation oder Sich-vernachlässigt-Fühlen sind Reaktionen auf eine Situation, die nicht so ist, wie man es gerne hätte. Sie sind nach außen gerichtete Wünsche des Ego und halten den Betroffenen in einem permanenten Spannungsfeld von Wut und Enttäuschung, von Schuld und Übergriff. Wir bestrafen uns selbst, fühlen uns schuldig und machen gleichzeitig den anderen für unser Unglück verantwortlich.

48

»Elke musste sich mit der Tatsache abfinden, dass sich ihr Mann hatte scheiden lassen. Sie war noch viele Jahre später voll Wut und Zorn, da sie glaubte, ihren Mann immer noch zu lieben und dass er nur durch sie glücklich werden könnte, obwohl er längst wieder verheiratet war. Sie machte ihren Mann für ihre Depressionen und ihr Unglück verantwortlich, bis Elke eines Tages erkannte, wie sehr sie von ihren eigenen Erwartungen und Zwängen beeinflusst war. Das war das Ende der Schuldprojektionen und sie konnte sich endlich aus ihrem Schmerz befreien, der sie daran hinderte, wirklich zu leben.«

Oft entsteht ein perfider Kreislauf von unterdrückten Gefühlen und der Zwangsvorstellung, wie etwas zu sein hat. Das ist keine Liebe und führt in die Abgründe, sich selbst nicht annehmen zu können, zu einer Kränkung des Selbstwertgefühls. Unterschwellig wird der andere dafür schuldig gesprochen. Nur durch Vergebung und Selbstvergebung der eigenen Schuld kann der innere Frieden wiedererlangt werden.

Solange wir uns schuldig fühlen, bleiben wir in einem kleinkarierten Denken verhaftet und niedere Gedanken beherrschen unser Leben. Vergessen wir niemals, dass unser wahres höheres Selbst über allen weltlichen Schuldgefühlen steht. Wir sind nicht diese Schuldgefühle. Schuldgefühle lenken uns ab von der Liebe und der inneren Anbindung. Sie sind ein Teil der Vergangenheit, nicht aber der Gegenwart.

Sterbende erfahren in der Auseinandersetzung mit ihrem gelebten Leben die innewohnende Kraft der bedingungslosen Liebe Gottes, der keine Schuld kennt. Wir mögen viele Fehler gemacht haben, aber es geht darum, sie als solche zu erkennen, sie anzunehmen und loszulassen. Wir werden von einer Macht geliebt, die größer ist als wir. Das Ende aller Schuld besteht in der Heilung durch Vergebung.

Akzeptanz und Dankbarkeit

Wenn ein Leben sich endgültig seinem Ende zuneigt, ist es der schwierigste Schritt des Sterbenden, den bevorstehenden Tod akzeptieren zu können. Wer durch den Prozess der Lebensbilanz den positiven und negativen Aspekten seines Lebens ins Auge sehen konnte durch Aussöhnung und Vergebung, erfährt einen inneren Frieden, den er so in seinem ganzen Leben nicht kennengelernt hat. Gleichzeitig öffnen sich die inneren Augen für die Gegenwart der geistigen Welt. Der Sterbende fühlt sich angenommen, geliebt und erwartet.

Wenn der Sterbende in seinen bevorstehenden Tod einwilligen kann, bedeutet das noch lange nicht, dass die Angehörigen ebenfalls in der Phase der Akzeptanz sind.

»Vor etlichen Jahren begleitete ich eine Frau mit einem unheilbaren Magenkarzinom. Ihr Mann war täglich an ihrer Seite und wollte nicht wahrhaben, dass seine ständig schwächer werdende Frau tatsächlich sterben wird. Er konnte sich nicht vorstellen, sein Leben allein zu meistern. Der Mann packte die sterbende Frau an den Schultern und schrie verzweifelt: ›Du musst kämpfen!‹ Das ging über Tage so, und er ließ sich auch nicht fortschicken. In der Stunde ihres Todes war er bei ihr. Als sie endlich sanft einschlief, nahm er sie in beide Arme und sagte: ›Du kannst mich doch nicht allein lassen.‹ Daraufhin verstarb die Frau.«

Wir leben in einer Gesellschaft, deren medizinischer Fortschritt suggeriert, dass alles heilbar und reparierbar sei. Wir werden immer älter und das hat dazu geführt, dass wir kollektiv die Augen vor der eigenen Endlichkeit verschlossen haben. Wann immer der Tod in unser Leben kommen mag, ob als Kind, Jugendlicher, Erwachsener oder Greis, ist er nicht zu verhindern, allen schönen Versprechungen zum Trotz.

Einem Sterbenden Hoffnung zu vermitteln oder Optimismus zu verbreiten ist eine Sache, aber wenn Kämpfen und Aufmunterung keinen Sinn mehr haben, wird das bei den Angehörigen zu einer Form von Selbstbetrug. Wir können dann nicht loslassen oder akzeptieren, dass der Tod keineswegs ein Feind ist, sondern ein ganz natürliches Geschehen unseres Lebens. Ein erfülltes Leben bemisst sich nicht an der Anzahl der Jahre. Wir glauben, dass es ungerecht sei vom Schicksal, oder machen Gott verantwortlich, wenn ein dreijähriges Kind sterben muss oder eine achtundzwanzigjährige Frau mit einer unheilbaren Krebserkrankung zwei kleine Kinder und ihren Mann zurücklässt. Wir glauben, dass jemand, der achtzig oder neunzig Jahre alt wird, eher ein erfülltes Leben geführt hat. Es sind unsere falschen Glaubenssätze, die uns das Sterben eines geliebten Menschen nicht akzeptieren lassen. Wir wollen nicht wahrhaben, dass das Leben durch die göttliche Macht über Geburt und Tod bestimmt wird, die außerhalb jeglicher menschlicher Kontrolle liegt.

Es ist für uns selbst und den Sterbenden wesentlich leichter, wenn wir ihm am Ende signalisieren können, dass er nun gehen darf. Der Sterbende weiß sowieso, ob wir loslassen können oder nicht. Wer seine Gefühle offen zum Ausdruck gebracht hat und die Eigenverantwortung für sein Leben angenommen hat, weiß, dass er sterben wird, und kann seinen Tod annehmen. Viele sind dankbar für die guten und schlechten Zeiten und das Leben, das sie geführt haben. Sie sind mit sich im Reinen.

Wer mit seinem Sterben konfrontiert wird, versucht, das Negative aufzulösen und schafft so Raum für die Liebe, Dankbarkeit, Versöhnlichkeit und Frieden. Die kleinen und einfachen Dinge unseres Lebens werden wichtig im Bewusstsein der göttlichen Liebe, die sie nun von innen nach außen ergreift. Das ist wahrhaftige geistige Aussöhnung und der Sterbende weiß nun, dass er immer geborgen ist.

51

Ein Mann sagte einmal kurz vor seinem Tod, dass er jetzt viel weniger Angst habe, da ihm die Auseinandersetzung mit sich selbst Frieden geschenkt habe. Nun könne er zum ersten Mal sein Leben genießen. So mancher erkennt, dass wir geistige Wesen sind. Sterbende fühlen sich durch ihren Prozess nicht mehr als Opfer ihres Lebens, sondern sehen sich in einem positiveren Licht. Wir alle können von den tiefen Einsichten der Sterbenden für unser Leben lernen.

Die fünf Dinge, die Sterbende bedauern

Im Sterben bewegen uns Versäumnisse oder falsche Entscheidungen. Wer Sterbende begleitet und aufmerksam zuhört, stellt eine Übereinstimmung der Aussagen darüber fest, was sie am meisten bedauern. Sterbende sind mit der eigenen Angst und ihrem aufgestauten Ärger konfrontiert und reagieren mit Bedauern darüber, nicht das Leben gelebt zu haben, das sie sich erhofft haben. So mancher empfindet Reue über Entscheidungen, die getroffen wurden oder eben nicht.

Eine der wohl wichtigsten Einsichten über den Sterbeprozess ist die wahrnehmbare Auflösung des Ego. Wir werden mit der Erkenntnis konfrontiert, dass wir nicht länger durch unsere Wünsche oder Habenwollen blockiert sind. Das ermöglicht einen ganz neuen Blickwinkel auf das Leben. Die Dinge, die Sterbende am meisten bedauern, sind ein allgemeingültiger Kompass für ein gelingendes Leben.

Sie können uns dabei behilflich sein, näher zu den eigenen Bedürfnissen zu stehen, zu unserem Selbst und weniger nur das zu leben, was andere von uns erwarten. Das kann im Alltag zu mehr Offenheit und Authentizität führen. Wir sollten uns nicht erst auf dem Sterbebett fragen, warum ich nicht das getan habe, was ich wollte, oder warum ich nicht die Stärke hatte, mich aus der Bevormundung durch andere zu lösen.

52

Die heutigen Erkenntnisse über den inneren Sterbeprozess können uns dabei behilflich sein, im Hier und Jetzt ein glücklicheres oder zufriedeneres Leben zu führen. Die australische Pflegerin Bronnie Ware[6] begleitete acht Jahre lang Menschen in deren häuslicher Umgebung in den Tod. In den meisten Fällen sprach sie über Wochen mit den Sterbenden und war direkter Zeuge, was sie bedauerten. Bronnie lauschte ihren Versuchen, mit sich selbst ins Reine zu kommen durch die Überwindung von Angst und alten Blockaden. Die Ergebnisse bestätigen meine eigenen Beobachtungen:

1. Es fehlte an Mut, das eigene Leben zu leben.
Viele Menschen tun ihr Leben lang Dinge, die andere von ihnen erwarten, und lassen sich von ihren eigenen Wünschen und Vorstellungen abbringen. Sie hadern mit ihrem Schicksal, opfern sich für die Familie oder ihre Freunde auf und projizieren ihre Unfähigkeit, ihr Leben selbst in die Hand zu nehmen, als Schuld auf das jeweilige Umfeld.

2. Zu viel Arbeit.
Vor allem Männer bedauern am Ende ihres Lebens, dass sie sich viel zu einseitig auf ihre Arbeit und Karriere konzentriert haben. Äußerer Status und Geldverdienen waren ihnen am wichtigsten. Das führte dazu, dass die Ehefrau oder die Familie vernachlässigt wurden. Wer nur nach äußeren Werten sucht, hat nicht wirklich gelebt, wenn Liebe und Zusammensein vernachlässigt werden. Das steht häufig im Zusammenhang damit, alles Wichtige auf später zu verschieben, bis es dann tatsächlich zu spät ist.

3. Der fehlende Mut, Gefühle auszudrücken.
Viele Menschen unterdrücken ihre wahren Gefühle ein Leben lang, um sich nicht mit anderen auseinandersetzen zu müssen. Sie werden dadurch nie zu dem, was sie hätten sein können,

53

und sind entsprechend unzufrieden oder versinken in Mittelmäßigkeit. Dieses Muster führt häufig zu schweren Erkrankungen.

4. *Das Bedauern darüber, den Kontakt mit Freunden nicht aufrechterhalten zu haben.*
Durch zu viel Arbeit und Geschäftigkeit vernachlässigen wir Freundschaften. Im Sterben zeigt sich, dass nur die Liebe wirklich wichtig ist. Viele vermissen ihre ehemaligen Freunde.

5. *Der Wunsch nach mehr Glück im Leben.*
Wir haben unser Leben lang die Freiheit zu wählen, wie wir unser Leben gestalten. Je mehr Wut und Verbitterung vorhanden ist und Menschen in alten Mustern und Gewohnheiten feststecken, ist das stets ein Hemmnis, sich selbst zu verwirklichen und mehr Zufriedenheit und Glück zu erfahren.

Diejenigen, die sich schon während ihres Lebens mit ihren Knackpunkten beschäftigt haben, sterben ohne das geringste Bedauern oder Reue über das, was sie versäumt haben. Insofern haben wir die Möglichkeit, aus der Lektion der Sterbenden für unser jetziges Leben großen Gewinn zu ziehen.

54

3. Kapitel

Die Visionen der Sterbenden

Unter dem Begriff Sterbebettvisionen werden die Erscheinungen von verstorbenen Verwandten und Freunden verstanden, wobei mitunter auch religiöse oder mythologische Wesen erblickt werden sowie paradiesische Landschaften oder ein alles durchdringendes Licht.

Sterbende Menschen lassen uns gelegentlich an ihrem Übergang von dieser in die andere Welt teilhaben, wenn wir die auftretenden Phänomene vorurteilsfrei zulassen können. Im Sterbeprozess bewegt sich unser Bewusstsein über den Körper hinaus. Die Schichten des Alltagsbewusstseins werden in Konfrontation mit den unerledigten Dingen unseres Lebens durchlebt. Viele Sterbende finden ihren Frieden und erfahren einen erweiterten Bewusstseinszustand.

Sterbebettvisionen sind reale innere Erlebnisse eines Sterbenden, die die Begleitenden im Außen nicht sehen können. Sterbende berichten manchmal davon, vertraute verstorbene Menschen wahrzunehmen in der letzten Übergangsphase zwischen dieser und der anderen Welt. Durch die zunehmende Lockerung der Seele werden derartige übersinnliche oder paranormale Erfahrungen möglich.

Beeindruckend sind die Gleichartigkeit der Einzelheiten in den Berichten und die Ähnlichkeit des Erlebten mit den unterschiedlichen Phasen der Nahtoderfahrungen.

Wissenschaftliche Forschungen

Bereits 1978 erschien in Deutschland eine Studie von Dr. Karlis Osis und Erlendur Haraldsson: »Der Tod – Ein neuer Anfang. Visionen und Erfahrungen an der Schwelle des Seins«. Es handelte sich dabei um die erste wissenschaftliche Untersuchung über die Visionen der Sterbenden auf interkultureller Basis.

Die Forschungsarbeit beruht auf den Beobachtungen von mehr als tausend Ärzten und Krankenschwestern weltweit. Die empirische Tatsache des Vorhandenseins der Sterbebettvisionen konnte weder durch kulturelle, psychologische, religiöse oder medizinische Bedenken wegdiskutiert werden. Sie sind ein integraler Bestandteil des Sterbeprozesses und wurden zu allen Zeiten erlebt und dokumentiert. Hierzu ein typisches Beispiel:

»Er schaute meistens in die Ferne; dann erschienen ihm gewöhnlich diese Dinge, und sie schienen für ihn völlig real zu sein. Er starrte immer wieder an die Wand. Seine Augen und sein Gesicht leuchteten auf, als ob er jemanden sähe. Er pflegte dann von Licht zu sprechen, von Helligkeit, und er sah Menschen, die anscheinend für ihn wirklich waren. Gewöhnlich sagte er: ›Hallo‹ oder ›Da ist meine Mutter‹. War die Vision vorbei, schloss er die Augen und schien voller Frieden. Er machte mit ausgestreckten Händen Gebärden. Vor der Erscheinung war er sehr krank und unleidlich, danach war er heiter und friedlich.«[7]

Außerhalb der Hospize oder Palliativeinrichtungen werden die Erfahrungen Sterbender oft abgetan und auf Fieber, Halluzinationen, Schmerzmittel oder Sauerstoffmangel zurückgeführt. Die westliche Gesellschaft hat immer noch ein grundsätzliches Problem mit allen geistigen und außersinnlichen

56

Wahrnehmungen, da das Unsichtbare, das nicht Greifbare zum einen Angst auslöst, zum anderen sofortigen Widerstand hervorruft, da derartige Phänomene nicht für möglich gehalten werden. So werden die Visionen der Sterbenden als Halluzinationen gedeutet und dementsprechend mit Psychopharmaka oder Beruhigungsmitteln unterdrückt.

Eine neue Studie des Camden Primary Trust in London über Sterbebettvisionen, ihr Auftreten und ihre Auswirkungen auf die Mitarbeiter des Gesundheitswesens stellte 2010 jedoch fest, dass derartige Erlebnisse nicht medikamenteninduziert sind, sondern ein wichtiger Bestandteil des Sterbeprozesses. Die Patienten sprechen eher mit dem Pflegepersonal über ihre Erfahrungen als mit Ärzten. Allerdings sind viele Mitarbeiter im Pflegebereich nicht ausreichend geschult, um den Tod als Teil des Lebens zu betrachten.[8]

Die auftretenden Phänomene verweisen auf das Eingebundensein in ein größeres Ganzes und das Fortleben nach dem Tod. Die Boten der Anderswelt, die in den Visionen der Sterbenden erscheinen, sind eine tröstliche Gewissheit, dass niemand allein stirbt. Die Visionen treten meistens in den letzten Tagen oder Stunden vor dem Tod auf. Sie sind ein untrügliches Zeichen für den kurz bevorstehenden Tod und werden bei klarem Bewusstsein erlebt.

Die innewohnende Kraft des höheren Selbst lenkt die feinstofflichen Vorgänge im Sterbeprozess und macht den Sterbenden durchlässig und empfänglich für die Gegenwart vorangegangener geliebter Menschen. Deswegen sind wir im Sterben immer geborgen.

Schmerzlinderung und Symptomkontrolle sind ein Aspekt, die Leiden der Sterbenden zu lindern. Opiate und angstlindernde Medikamente vermögen die Furcht und Unruhe vieler Patienten zu verringern, doch nur das wahre Wissen über den Übergang ins Jenseits vermag wirkliche Hoffnung zu vermitteln.

Dann steht nicht mehr das Leiden im Mittelpunkt oder die Traurigkeit des Abschiednehmens, sondern die Gewissheit, erwartet zu werden. Der Mensch hängt viel zu sehr an seinen irdischen Wünschen und Bedürfnissen. Wir haben darüber vergessen, dass wir von unserer Natur her geistige Wesen sind, die nur für kurze Zeit in einem Körper inkarniert sind. Wir alle werden eines Tages die Erfahrung machen, dass wir radikal alles, was uns im Leben etwas bedeutet hat, seien es andere Menschen oder Tiere, Autos oder Bücher, Musik oder was auch immer, hinter uns lassen müssen.

Aus den vorliegenden wissenschaftlichen Untersuchungen lassen sich folgende Schlüsse ziehen:

- Über achtzig Prozent der Sterbenden berichten von Erscheinungen und Visionen von Verstorbenen oder geistigen Wesen, die den Patienten abholen wollen.
- Sehr viele Sterbende empfinden positive Gefühle und oft auch ein richtiges Hochgefühl. Das hat sich in den letzten Jahren vor allem durch liebevolle und aufmerksame Hospizpflege gesteigert.
- Sterbebettvisionen werden nicht durch Medikamente hervorgerufen oder beeinflusst.
- Die Dauer eines derartigen Erlebens beträgt wenige Sekunden bis hin zu fünf Minuten. Patienten, die innerhalb der folgenden drei Tage starben, berichten über die dauernde Anwesenheit eines geistigen Wesens. In Todesnähe nimmt die Anzahl der Wesen zu.
- Der Abstand zwischen der ersten Erscheinung und dem Tod beträgt ungefähr vier Wochen.
- Patienten, die nicht bereit sind, sich ihren ungelösten Problemen zu stellen, brauchen wesentlich länger, um hinüberzugehen.
- Manche erleben religiös geprägte Visionen. Sie begegnen Gott, Jesus und noch häufiger einem Engel. Es werden mit-

unter paradiesische Landschaften geschaut, ähnlich wie das in den Nahtoderfahrungen beschrieben wird.
- Zum Zeitpunkt der Erscheinungen sind die Sterbenden bei völlig klarem Verstand.

Das Erleben der Sterbenden

Wenn wir die Visionen der Sterbenden ernst nehmen, offenbart sich die Gewissheit, dass der Tod nur ein Wandel der Form ist in die jenseitige Welt, in der wir bereits erwartet werden. Eine Frau berichtete mir über ihre Wahrnehmungen im Sterbeprozess ihrer Schwester.

»Meine Schwester Jenny war durch eine schwere Krebserkrankung am Ende ihres Lebens sehr geschwächt. Sie dämmerte vor sich hin und war nur selten bei Bewusstsein. Deswegen war ich besonders überrascht darüber, dass sie sich plötzlich ruckartig aufrichtete und beide Arme nach oben ausstreckte, als wolle sie nach etwas greifen. Ich hatte das Gefühl, dass sie sich einer unsichtbaren Kraft entgegenstreckte. Ein freudiger und überraschter Ausdruck trat auf ihr Gesicht und sie murmelte: ›Da bist du, Vater.‹ Dann fiel sie in das Kissen zurück und verstarb kurz darauf. Ich bin überzeugt davon, dass unser verstorbener Vater sie abgeholt hat.«

Typisch an diesem Beispiel ist das Ausstrecken der Arme, als würde sich der Sterbende auf ein imaginäres Ziel hinbewegen. Das wird immer wieder beobachtet und gilt als äußeres Zeichen für die einsetzenden Visionen. Manche starren mit hellen klaren Augen in eine Ecke des Raumes oder an die Zimmerdecke, da sie dort offenbar Verstorbene oder Lichtwesen erblicken. Die freudige Erregung des Sterbenden deutet darauf hin, dass etwas völlig Unerwartetes geschieht. Die Angst vor dem

Tod löst sich auf und sie wissen, dass sie nun an einen Ort gehen werden, wo sie wiedervereint sind mit denen, die vorangegangen sind. Da für die Verstorbenen Raum und Zeit nicht länger existieren, wissen sie, wann ein Angehöriger sterben wird. Sie sind dann ein Teil unserer Innenwelt und an unserer Seite und begleiten uns in unseren letzten Tagen. Eine Frau erzählte vom Sterben ihres Bruders:

»Michaels Tod stand kurz bevor. Ich saß neben seinem Bett und spürte eine unglaubliche Ruhe und Stille, die von ihm ausging. Plötzlich öffnete er seine Augen und flüsterte: ›Mama, da bist du.‹ Seine Augen waren erfüllt von einem überirdischen Leuchten. Natürlich konnte ich unsere Mutter nicht sehen, aber ich fühlte eine sehr intensive Wärme im Raum. Kurz darauf starb mein Bruder ganz friedlich und entspannt.«

Die vorliegenden Berichte über Sterbebettvisionen sind besonders aufschlussreich, wenn der Sterbende Verstorbene wahrnimmt, von denen er gar nicht wusste, dass sie bereits gestorben sind. Seine übersinnliche Wahrnehmungsfähigkeit ist erhöht, er bekommt alles mit, was um ihn herum geschieht, und erkennt die Besucher aus der anderen Welt.
Ein Ehepaar hatte sich mit der Tatsache abzufinden, dass sie das Ende ihres Lebens in unterschiedlichen Pflegeheimen verbringen würden. Der Mann war an Alzheimer erkrankt, seine Frau an Krebs. Als sich eines Tages der Gesundheitszustand der Frau dramatisch verschlechterte, passierte Folgendes:

»An jenem Abend saßen meine Familie und ich bei Mam. Sie war immer noch hellwach, atmete allerdings hörbar schwerer als sonst. Plötzlich sah sie auf und sagte: ›Joseph ist gestorben. Warum hat mir das keiner gesagt?‹
Ich fiel ihr beinahe ins Wort und korrigierte sie schnell: ›Mam, Daddy ist nicht tot. Er ist immer noch im Pflegeheim.‹

›Joseph ist schon gekommen, um sich zu verabschieden, und er hat mir gesagt, dass ich bald bei ihm sein werde.‹ Sie sah anscheinend durch uns alle hindurch und sagte dann: ›Joseph, du bist zurückgekommen, um mich abzuholen.‹ Tatsächlich stellte sich nach einem Anruf im Pflegeheim heraus, dass Joseph eine Viertelstunde vor der Vision seiner Frau plötzlich durch einen Herzinfarkt gestorben war.«[9]

Aus den Nahtoderfahrungen wissen wir, dass hier ebenfalls Verstorbene gesehen werden, von denen die Betroffenen gar nicht wussten, dass sie gestorben sind. Selbst kleine Kinder berichten von Begegnungen mit Angehörigen, die sie gar nicht gekannt haben. Eine Kinderhospizhelferin berichtete mir:

»Ein fünfjähriger Junge lag im Sterben. Er war in einem sehr schlechten Zustand und litt an Leukämie. Plötzlich öffnete er seine Augen und schaute erstaunt nach oben. Da ist ja Hannes und dahinter steht Moni. Seine Augen begannen zu leuchten, als er von der Anwesenheit Eddies berichtete. Nun war ich doch überaus überrascht. Hannes und Moni waren junge Patienten, die vor einigen Wochen gestorben waren. Doch ich wusste genau, dass Eddie noch lebte. Aber ich sollte mich täuschen. Als ich mich nach ihm erkundigte, erfuhr ich, dass er am Abend zuvor gestorben war.«

Derartige Erlebnisse sind ein eindeutiger Indikator für die Realität der Sterbebettvisionen. Todesnähe ist stets verbunden mit übersinnlichen Wahrnehmungen. Es handelt sich nicht um Halluzinationen, noch sind die Visionen auf Sauerstoffmangel zurückzuführen. Für viele Angehörige sind sie eine große Herausforderung, besonders dann, wenn eigene Ängste oder das Nicht-wahrhaben-Wollen des nahenden Todes den Blick für die Bedeutung der Visionen verstellen.

61

Die Begegnung mit jenseitigen Wesen

Manchmal werden neben den vertrauten Angehörigen auch Engel wahrgenommen. Eine Frau erlebte in der Begleitung ihrer Mutter Folgendes:

»Wenige Tage vor ihrem Tod erzählte sie mir, dass ein Engel mit ihr Kontakt aufgenommen habe, mit ihr spreche und dass sie nun wisse, dass ihre Tage gezählt seien. Als meine Schwester zu Besuch kam, erzählte ihr meine Mutter, dass in der Nacht der Engel zu ihr gesagt habe, es sei noch nicht so weit, aber sie solle sich bereithalten. Sie war ganz ruhig, ja, ich wage zu sagen, fast gelöst. Die ganze Anspannung der vergangenen Monate schien sich aufzulösen.«[10]

Die Mutter nimmt ebenfalls ein helles Licht wahr und hört wunderbare überirdische Musik.

»Während wir so zusammensaßen, fragte sie mich, ob ich heute Nacht auch das helle leuchtende Gold gesehen hätte, überall wären Goldfäden um sie herum gewesen, das Licht so hell, wie sie es noch nie gesehen hätte. Nach der folgenden Nacht fragte sie mich: ›Hast du heute Nacht auch den wunderbaren Gesang gehört, es war, als würden Engel singen.‹«[11]

Beim Sterben einer katholischen Theologin, die ihr Leben lang eine innige Beziehung zu Gott und der heiligen Katharina pflegte, kam es zu einer intensiven Gotteserfahrung. Das zeigt uns auf, dass ein starker Glaube das Sterben sehr wohl zu erleichtern vermag.

»Plötzlich begann Frau B. in diese Runde hineinzusprechen: ›Wo bin ich hier? Hier war ich ja noch nie – oh, wie ist das hier schön, wie wunderbar! Oh, da kann man ja rausschauen, ist das unbeschreiblich.‹ In ihrem Gesichtsausdruck stand Entzücken, Freude und Konzentration. Danach trat wieder eine kurze Ruhepause ein, bis die Patientin laut ausrief: ›O mein Gott, du bist es, Gott, du bist unbeschreiblich!‹ Eine weitere kleine Pause trat ein, da sieht sie auch Katharina, sie sagt: ›Da ist ja auch Katharina! Wie schön!‹ Sie war erfüllt von dem, was sie wahrnahm, und strahlte ein tiefes Glücksempfinden aus. «[12]

Sterbebettvisionen in der Sterbebegleitung

In der Begleitung Sterbender ist es sehr wichtig, die subtilen Äußerungen der Sterbenden ernst zu nehmen. Aufmerksamkeit und Achtsamkeit im Hinblick auf den anderen sind erforderlich sowie das Einfühlungsvermögen in das, was sich zeigt. Dazu gehört, vorurteilsfrei zuhören zu können und der eigenen Intuition zu vertrauen. Die meisten Ängste und die Berührungsscheu Sterbenden gegenüber entstehen aus Unwissenheit und Unsicherheit. Dazu kommt grundsätzlich ein mangelndes Wissen über die Vorgänge im Sterbeprozess.

Es sollte unerlässlich werden, dass professionell Begleitende die Angehörigen über alle Phänomene, die im Sterben auftreten können, eingehend informieren. Das Verschweigen oder Wegreden der feinstofflichen Aspekte der Loslösung der Seele vom Körper sollten endlich überwunden werden, da sie ein integraler Bestandteil des Sterbeprozesses sind. Nur dann können wir eine offenere Haltung der Menschen gegenüber den Sterbenden erreichen.

Wer von der Existenz der Sterbebettvisionen weiß, kann die auftretenden Phänomene besser einordnen und wird weniger Angst haben. In Wirklichkeit sind diese Phänomene dem Sterbenden dabei behilflich, den nahenden Tod zu akzeptieren. Die Existenz und das beständige Auftreten der Visionen hat nichts mit Kultur- oder Religionsunterschieden zu tun, sondern stellt die Tatsache dar, dass die Öffnung zum Transzendenten, die Überschreitung der Grenzen unseres Alltagsbewusstseins ein Hinweis darauf sind, was jeden jenseits der irdischen Persönlichkeit erwartet.

Das Hauptaugenmerk der Hospiz- oder Palliativarbeit liegt im pflegerischen und medizinischen Bereich, weniger in der spirituellen Seite des Sterbens. Es ist im Alltag leider immer noch so, dass Pflegende und Ärzte dazu neigen, seelische Phänomene abzutun durch Ignoranz, mangelnde Aufmerksamkeit oder Ruhigstellen des Patienten. Noch schneller erfolgt eine Beurteilung: Der Patient sei durcheinander, halluziniere, sei völlig verwirrt, oder man ordnet das Verhalten des Sterbenden den Auswirkungen der Medikamente zu.

Sterben ist kein medizinisches Geschehen, sondern der Weg des Menschen in eine ihm sonst unzugängliche Dimension. Viele, die in der Begleitung eines Angehörigen Derartiges erlebt haben, trauen sich nicht, mit anderen darüber zu sprechen. Anderen fällt es sehr schwer, ihre Erlebnisse, die sie wie ein kostbares Geschenk in sich tragen, mitzuteilen. Einerseits lässt sich das eigene Erleben schwer in Worte fassen, erst recht, was dessen Intensität betrifft. Auf der anderen Seite steht die Angst, nicht ernst genommen zu werden oder sich dem Vorwurf auszusetzen, sich das alles eingebildet zu haben. Grundsätzlich besteht die Gefahr, dass derartige Dinge, für die es keine messbaren wissenschaftlichen Erklärungen gibt, zerredet werden. Diese Vorbehalte stehen im Kontext mit den Erfahrungen der Todeserlebnisse und den Nachtodkontakten.

»Eine Frau, die ihren Mann mit achtundzwanzig Jahren durch einen Autounfall verloren hatte, erzählte mir, dass er nach seinem Tod zum wiederholten Male bei ihr gewesen sei. Sie erlebte seine Gegenwart im Wachzustand und empfand das Nachtoderleben als beglückend und tröstend. Und doch fragte sie mich nach dem Seminar unter Tränen, ob ich glaube, dass sie

64

verrückt geworden sei, und ob so etwas überhaupt möglich sei? Ich bestätigte ihr, dass diese Phänomene sehr weit verbreitet seien. Daraufhin erzählte sie von der Ablehnung ihrer Familie und ihres Freundeskreises und dass das der Grund sei, dass sie normalerweise ihr Erleben für sich behalte.«

Es ist an der Zeit, offen, authentisch und ehrlich über unsere diesbezüglichen Erlebnisse zu sprechen. In vielen stationären Einrichtungen, ob in Krankenhäusern oder Heimen jeder Art, werden Sterbebettvisionen noch immer zu wenig oder gar nicht beachtet. Sicherlich weisen nicht alle Sterbenden derartige Phänomene auf, doch können wir einen innerseelischen Prozess bei einem anderen auch gar nicht erkennen. Jeder stirbt seinen eigenen Tod, manche schweigsam und stumm, andere voll Gegenwehr oder freudig bewusst durch eine Vision. Dazu ein sehr eindrückliches Erlebnis einer Sterbebegleiterin:

»Wir umarmten uns und gemeinsam mit der Schwester versprachen wir ihr, an ihrer Seite zu bleiben. Nach einer halben Stunde öffnete sie weit die Augen und rief: ›Mutter, ich komme, das Tor ist offen, die Wiese ganz grün, ich komme.‹ Sie öffnete dabei ganz weit die Augen und hob die Arme in die Luft. Noch einmal sagte sie: ›Mutter, ich komme jetzt.‹ Daraufhin glitt sie ins Koma und verstarb drei Stunden später. Dies war für mich sehr eindrücklich, deshalb habe ich diese Offenbarung am Sterbebett bald danach niedergeschrieben.«[13]

Eine Sterbebettvision beinhaltet mitunter eine außerkörperliche Erfahrung. Im nächsten Beispiel holt ein Arzt einen verunfallten Mann ins Bewusstsein zurück und erlebt Folgendes:

»Er behauptete, dass er während der körperlichen Bewusstlosigkeit seine Umwelt gut beobachten konnte und gesehen habe, wie die Ärzte zu ihm gehastet waren, und wie einer von ihnen dabei fast selbst von der Hafenmauer gestürzt sei – was offenbar stimmte. Er berichtete weiterhin, dass er in diesem Zustand auch seine verstorbene Großmutter gesehen habe. Noch während er diese Erlebnisse beschrieb, sagte er, dass er seine Großmutter nun erneut sehe und sie ihn rufe. Mit diesen Worten auf den Lippen verstarb er.«[14]

Phänomene in Todesnähe

Sterbebettvisionen werden im Wachzustand erlebt und erfolgen meist kurz vor dem Tod. Je näher der Tod bevorsteht, beinhalten die Visionen auch Ausblicke in eine überirdisch schöne und lichte Welt und vertiefen sich. Die Visionen werden in einer unerwarteten klaren Geistesverfassung erlebt. Manche Patienten richten sich in ihrem Bett plötzlich auf, obwohl ihnen das schon seit Monaten nicht mehr möglich war.

Die Erlebnisse der Sterbenden besitzen eine Eigendynamik und es handelt sich dabei keineswegs um Halluzinationen. Sie haben ihre Wurzeln nicht in der Biochemie des Gehirns, sondern in der jenseitigen Welt. Wenn sich die Seele endgültig vom Körper löst, erhält sie ihr innewohnendes Potenzial zurück, die ewige bewusste Geistidentität, die unabhängig vom Körper und dem Gehirn weiterexistiert.

In einer Umfrage wurde das Pflegepersonal von Hospizen nach ungewöhnlichen Phänomenen in Todesnähe befragt. Die Mehrheit der Mitarbeiter berichtete von Fällen unerwarteter Rückkehr der geistigen Klarheit bei dementen Patienten. Selbst Alzheimerpatienten, die über Jahre niemanden mehr erkannt haben, sind kurz vor ihrem Tod dazu in der Lage. Sie verfügen über Erinnerungen, die eigentlich durch die Zerstörung von Gehirnpartien unwiederbringlich gelöscht sind.

Ein ähnlicher Sachverhalt zeigt sich in dem sehr berührenden Fall eines gelähmten zweijährigen Jungen:

66

»Das Kind litt an einer furchtbaren Krankheit, die langsam alle Muskeln zerstörte. Jacob war praktisch gelähmt und konnte nicht einmal mehr schlucken, die Augen öffnen oder lächeln. Es war klar, dass er nicht mehr lange zu leben hatte. Er wurde daher aus dem Krankenhaus nach Hause verlegt, um hier seine letzten Tage verbringen zu können. Hier öffnete er nach einigen Tagen plötzlich seine Augen, lächelte breit und streckte seine Arme nach oben aus, als ob er nach jemandem über ihm reichen würde. Das waren seine letzten Lebensmomente.«[15]

Schon seit Jahrtausenden werden Phänomene in Todesnähe berichtet. Dazu zählen nicht erklärbare Gefühlsunruhen verbunden mit Todesahnungen von einer bestimmten Person. Das wird oft begleitet von intensiven Träumen der Sterbenden, auftretenden Licht- und Lautphänomenen bis hin zu der Erscheinung eines soeben Verstorbenen. Sterbebettvisionen verweisen in sehr ähnlicher Weise wie Nahtoderfahrungen und Nachtodkontakte auf das Vorhandensein einer über dem Menschen stehenden Dimension.
Es wäre an der Zeit, sich mit diesen Phänomenen viel intensiver auseinanderzusetzen und sie vor allem wissenschaftlich zu erforschen. Dadurch könnte der Mensch von seiner Angst vor dem Tod befreit werden. Die beobachteten Erlebnisse zeigen uns, dass die Seele unabhängig ist von äußeren körperlichen, psychischen oder physischen Behinderungen. Wir sind nicht unser Körper, sondern eine ewige unsterbliche Geistidentität.

4. Kapitel

Empathische Todeserlebnisse

Es ist keineswegs ungewöhnlich, dass im Sterbeprozess andere Personen in den direkten Übergang in die geistige Welt einbezogen werden. Wir sprechen hier von Erlebnissen, in denen sogar mehrere Anwesende am Sterbebett sich empathisch einklinken können. Natürlich kann ein solches Todeserlebnis auch unabhängig vom Ort des Geschehens stattfinden.

Unter dem Begriff Empathie wird die Fähigkeit verstanden, die Gefühle eines anderen Menschen nachzuempfinden. Empathische Sterbeerlebnisse treten seit Jahren immer häufiger auf, obwohl es sie immer schon gegeben hat. Die Betroffenen erleben eine außerkörperliche Erfahrung und begleiten den soeben Verstorbenen bis zu einer Grenze, die sie nicht überschreiten dürfen. Wie bei einer Nahtoderfahrung blicken sie von oben auf ihren Körper und den des Verstorbenen, der gleichzeitig in geistiger Form anwesend ist. Häufig wird auch ein Licht wahrgenommen.

»Eine Familie erblickte beim Sterben der Mutter ein Licht im Raum, das nicht von dieser Welt war. Jeder der anwesenden Geschwister und Verwandten sah dieses Licht. Als die Mutter starb, nahmen die Anwesenden kräftige helle Lichtpunkte wahr, die sich zu einer Art Tor oder Tunnel formten, in das die Seele der Mutter einging. Alle Beteiligten empfanden weder Angst noch Bedrohung, sondern hatten freudige und positive Gefühle.«

68

Von einem weiteren Beispiel eines empathischen Todeserlebnisses wurde mir in einem Seminar berichtet:

»Ein Mann begleitete seit Wochen das Sterben seines neunzigjährigen Vaters. Die beiden hatten viele Gespräche geführt und so manche Unstimmigkeiten ausräumen können. Der Tod des Vaters stand kurz bevor. Der Mann, der neben dem Bett seines Vaters saß, wurde aufgeschreckt durch eine Art Energiewelle, die ihn durchfloss. Er bemerkte, dass sein Vater gestorben war und dass ein heller Dunstschleier aus seiner Brust aufstieg. Gleichzeitig erhellte sich der Raum und der Mann befand sich plötzlich außerhalb seines Körpers. Von der Decke aus blickte er auf den eigenen Körper herab und den des verstorbenen Vaters, der sehr lebendig und humorvoll in seiner geistigen Form neben ihm stand.
Beide schwebten dem Licht entgegen und es tauchten Szenen aus ihrem gemeinsamen Leben vor ihm auf, aber auch Episoden aus dem Leben seines Vaters, von denen der Sohn nichts wusste. Die Struktur des Raumes veränderte sich und wurde durchsichtig und fließend. Eine Art Tunnel oder Tor tat sich vor ihnen auf. Sie gingen hindurch und erblickten eine unbeschreiblich schöne Landschaft, die in helles Licht getaucht war. Sie wanderten einen Pfad hinauf, doch der Mann hatte plötzlich das Gefühl, sich an einer Grenze zu befinden, die er nicht überschreiten durfte. Er verabschiedete sich von seinem Vater und befand sich im selben Augenblick wieder in seinem Körper.«

Damit besser verstanden werden kann, was in empathischen Erlebnissen geschehen kann, möchte ich hier zunächst eine Art vollständigen Prototyp darstellen. Dabei sind die unterschiedlichen Elemente des Mitsterbens, wie diese Erlebnisse häufig bezeichnet werden, enthalten. Wir werden dann im Folgenden näher auf diese unterschiedlichen Erscheinungsformen eingehen.

Außerkörperlichkeit

Empathische Erlebnisse mit Sterbenden sind sehr häufig mit einer außerkörperlichen Erfahrung verbunden. Die Betroffenen fühlen eine ihnen unbekannte Energie in sich aufsteigen, spüren ungewöhnliche Vibrationen oder hören ein lautes Brausen. Sie befinden sich plötzlich außerhalb ihres Körpers und betrachten die Sterbeszene von der Decke aus oder einer oberen Zimmerecke.

»Eine Frau spürte eine starke Energie in dem Moment, als ihr Vater in ihren Armen starb. Sie hörte einen schrillen Ton und schwebte aus ihrem Körper an die Decke. Die Frau nahm sich selbst wahr, wie sie neben ihrem Vater saß. Das Licht im Raum erhellte sich auf seltsame Weise. Genauso plötzlich befand sie sich wieder in ihrem Körper.«

Eine außerkörperliche Erfahrung ist stets verbunden mit der Trennung des Bewusstseins vom Körper. Aus dem vorliegenden empirischen Datenmaterial geht eindeutig hervor, dass dabei die Kontinuität des Ichbewusstseins erhalten bleibt. Die meisten berichten davon, dass der Vorgang der Loslösung leicht und schnell geschah. Aus den Nahtoderfahrungen wissen wir, dass jeder Schmerz endet, sobald der Körper verlassen wird. Die Menschen spüren tiefen Frieden und blicken auf sich hinunter.
Die Essenz des Erden-Ichs geht über in die Allgegenwart des Überbewusstseins. Das ist völlig unabhängig vom Hirn des Menschen und zeigt uns in aller Deutlichkeit, dass Bewusstsein unabhängig vom Körper existiert. Bei den empathischen Sterbeerlebnissen handelt es sich um spontanes unerwartetes Erleben, das mitunter natürlich auch schockiert. Ein Mann drückte das einmal so aus:

»Darauf war ich ganz und gar nicht gefasst. Schockiert stellte ich fest, dass es mich immer noch gab. Aber ich wusste nicht, wer oder was ich war. Nur ein Gedanke ging mir immer und immer wieder durch den Kopf: Wie kann ich sein, wenn ich nicht bin?«[16]

Körperlos zu sein bedeutet Frieden, Entspannung, Freiheit und Leichtigkeit. Die herkömmlichen Sinne existieren nicht länger, denn das Ego fällt ab. Das Erleben wird durch neue, bisher unbekannte Wahrnehmungsmöglichkeiten der Übersinnlichkeit ersetzt. Es eröffnet sich eine ganz neue Welt.

Wichtig ist es zu wissen, dass die Loslösung vom Körper bei den empathischen Todeserlebnissen nicht durch Krankheit, Unfall oder einen klinischen Tod bedingt ist, sondern spontan in der Begleitung eines Sterbenden auftritt. Die Energiewelle, die von vielen beschrieben wird, geht vom Sterbenden aus, dessen Bewusstsein sich endgültig vom Körper löst. Die Ablösung der Seele ist ein gewaltiges energetisches Geschehen und wird gesteuert durch die Präsenz geistiger Helferkräfte.

Wenn Angehörige empfänglich sind für diese Energien, ist es möglich, dass die göttlichen Kräfte die Begleitenden wie in einem Sog in den Vorgang des Sterbens mit einbeziehen, wodurch der Betroffene eine außerkörperliche Erfahrung erlebt. Dabei spielt die Nähe und Liebe zum Sterbenden eine große Rolle.

Veränderte Raumwahrnehmung

Bedingt durch ihre außerkörperliche Erfahrung sprechen Erlebende davon, dass sie beobachten konnten, wie sich die Form des Raumes veränderte. So wird ein rechteckiges Zimmer in eine andere Form verdreht und dehnt sich dabei aus. Der Raum öffnet sich gleichsam einer höheren Wirklichkeit, in der Zeit keine Rolle mehr spielt. Diese Menschen wohnen der Ablösung der Seele vom Körper direkt bei und beobachten genau, wie das geschieht. Menschen, die das Sterben eines anderen empathisch miterleben, erhalten Einblick in die feinstofflichen Vorgänge hinter dem Schleier der Alltagswahrnehmung.

Raymond Moody, der legendäre Pionier der Nahtodforschung, erlebte im Kreise seiner Familie das Sterben seiner Mutter, die an Krebs erkrankt war. Er berichtet:

»Während wir warteten, geschah es mit uns: Wir erlebten ihr Sterben empathisch mit. Das Zimmer schien seine Form zu verändern und vier von uns sechs hatten das Gefühl, als würden wir vom Boden hochgehoben. Mir kam es so vor, als hätte der Raum die Form einer Eieruhr angenommen. Ich spürte einen starken Sog, wie wenn die Brandungsrückströmung mich ins Meer hinauszöge, nur dass dieser Sog nach oben führte. Sieh mal, sagte meine Schwester und wies auf eine Stelle am Bettende. Da ist Papa! Er ist wiedergekommen, um sie abzuholen. Alle Anwesenden berichteten später, das Licht im Zimmer sei weich und nebelartig geworden. Während all das geschah, herrschte im Zimmer große Freude. Wir alle wussten, dass uns beim Tod unserer Mutter etwas Unglaubliches widerfahren war. Es war, als hätte sich das Gefüge des Universums geteilt und als hätten wir für einen Augenblick die Energie jenes Ortes gespürt, der Himmel genannt wird.«[17]

Doktor Jamieson wurde beim Sterben ihrer Mutter aus ihrem Körper gezogen und sah ihre Mutter in geistiger Form direkt neben ihr stehen. Dann beobachtete sie, wie sich die Form des Raumes veränderte, und schaute dabei zu, wie ihre Mutter von verstorbenen Freunden in Empfang genommen wurde.

»Ich sah in die Zimmerecke und bemerkte eine offene Stelle im Universum, aus der Licht strömte, wie Wasser, aus einer

72

defekten Röhre. Aus diesem Licht kamen Menschen, die ich jahrelang gekannt hatte, verstorbene Freunde meiner Mutter. Aber da waren auch andere Leute, Menschen, die ich nicht wiedererkannte, die aber vermutlich Freunde meiner Mutter waren, die ich nicht kennengelernt hatte. Dann schloss sich die Röhre wieder, wie eine Spirale, wie die Linse einer Kamera und das Licht war weg.«[18]

Begegnung mit dem Licht

Interessanterweise berichten Menschen mit einem empathischen Todeserlebnis, dass sie das helle Licht im Raum wahrgenommen haben, von dem auch die Nahtoderlebenden immer wieder gesprochen haben. Das irdische Raum-Zeit-Gefüge ist aufgehoben und das kristallklare Licht wird mit Liebe und Frieden, mit Angenommensein, wie man ist, beschrieben. Es ist kein gewöhnliches Licht, sondern geistiger Natur. Dieses Licht wird in seiner Substanz als flüssig wahrgenommen. Manche sprechen auch von Lichtpartikeln, die eine Art Tunnel oder Tor bilden, die den soeben Verstorbenen in sich aufnehmen. Eine Frau, die im Augenblick des Todes ihr Kind in den Armen hielt, erzählte mir Folgendes:

»Plötzlich füllte sich das Zimmer mit Licht, das eine unbeschreibliche Liebe ausstrahlte. Das Licht wirkte sehr lebendig, wie eine bewusste Wesenheit. Ich konnte meinen Sohn in diesem Licht spüren und fühlte mich dadurch außerordentlich getröstet.«

Eine andere Frau beschrieb das Sterben ihres Mannes:

»Im Augenblick seines Todes spürte ich eine nie zuvor erlebte Energie, die mich wie eine Welle aus dem Körper zog, bis ich

73

mich links in der Ecke des Zimmers wiederfand. Es war ein gewaltiger Sog und der Raum unter mir schien sich irgendwie zu öffnen, zu verändern, sich in seine Lichtpartikel aufzulösen. Das Licht strahlte immer heller und ich sah, wie mein Mann voller Freude auf dieses Licht zuging. Er winkte mir fröhlich zu und dann saß ich wieder neben seinem Bett.«

All diese Berichte über das Mitsterben fordern uns auf, das Erlebte genauer zu betrachten, da direkte Einblicke in die feinstofflichen Vorgänge beim Sterben vermittelt werden. Für die Betroffenen öffnet sich das Jenseits für einen kurzen Moment, und sie haben Anteil an der Präsenz des übernatürlichen Lichtes.
Alle bisherigen Forschungen über die Komponenten einer Nahtoderfahrung ergaben in eindeutiger Weise, dass die Lichterfahrung keinen Ursprung im Gehirn hat. Das Licht ist eindeutig ein nicht lokales Bewusstsein, das völlig unabhängig vom Körper existiert. Sämtliche Studien belegen, dass die Begegnung mit dem mystischen Licht die Persönlichkeit eines Menschen für immer verändert. Auch diejenigen, die das Licht am Sterbebett gesehen haben, berichten unabhängig voneinander, dass es sie positiv beeinflusst habe, sowohl im körperlichen als auch im spirituellen Sinn.
Diese anhaltende Wirkung auf diejenigen, die das Licht wahrgenommen haben, wird in der folgenden Aussage bestätigt:

»Ungefähr eine Woche, bevor meine Schwester schließlich starb, überflutete ein helles weißes Licht das gesamte Zimmer. Es war ein Licht, das wir alle sahen und das seitdem bei uns geblieben ist. Ich spürte starke Liebe und Verbundenheit mit allen, die im Zimmer waren, auch den anderen Seelen, die nicht sichtbar waren, deren Anwesenheit wir aber spürten. Worte können nicht ausdrücken, wie stark diese Erfahrung mich beeinflusst hat. Nie zuvor hatte ich so etwas gedacht. Die

74

Weisheit und der Frieden, die von diesem Licht ausgingen, haben mich seitdem nicht verlassen.«[19]

Im Augenblick des Todes sehen manche eine Art nebeligen Dunstschleier aus der Brust des Verstorbenen aufsteigen, der sich dann direkt in das Licht begibt.

»Eine Hospizhelferin berichtete mir, dass sie mehrfach Zeugin gewesen ist, wie ein Dunstschleier aus der Brust eines Sterbenden aufstieg. Er schwebte nach oben und war plötzlich verschwunden. Manche der Patienten fingen dabei an, aus ihren Augen zu leuchten, während sich dieser Dunstschleier bildete. Manchmal spürte ich dabei eine unsichtbare Gegenwart.«

Derartige Wahrnehmungen werden auch als nebelartige Gebilde, Wolken oder Nebel beschrieben. Dieses sichtbare Gewölk hat unmittelbar mit der Loslösung der Seele zu tun. Das Phänomen tritt in dem Moment auf, wenn die Silberschnur, die Körper und Geist zusammenhält, endgültig durchtrennt wird. Deswegen ist es wenig verwunderlich, dass manche Zeugen die Körperform des Verstorbenen in dem nebelartigen Gebilde erkennen.
Das Ich nimmt sich außerhalb des irdischen Körpers wahr und der »Nebelkörper« dient der Vergewisserung des Verstorbenen, in die geistige Welt hinübergegangen zu sein. Eine Frau berichtete mir:

»Als die Seele meines Sohnes aus dem Körper herauswehte, hielt ich ihn in meinen Armen. Ich hatte die Wahrnehmung, als ob unsichtbare Hände einen Seidenfaden webten und der nebelartige Dunstschleier in sanften Schwingungen rhythmisch davonschwebte, bis er meinen Blicken entschwand.«

Ein Mann, der das Sterben seiner krebskranken Mutter begleitete, sah, wie das Zimmer während des Sterbevorgangs seine Form veränderte und ein gedämpftes Licht den Raum erhellte. Seine Mutter reagierte auf das Licht und er beobachtete, wie eine durchlässige Hülle aus Licht ihren Körper verließ. Dieses Etwas stieg nach oben, bis er es nicht mehr sehen konnte. Er wusste, dass seine Mutter soeben gestorben war und er den Austritt ihrer Seele beobachtet hatte.

Das Miterleben der Lebensrückschau

In der Vielfältigkeit eines empathischen Sterbeerlebens ist die Tatsache des Miterlebens des Rückblicks auf das irdische Leben des soeben Verstorbenen außerordentlich bemerkenswert. Die gemeinsame Lebensrückschau unterscheidet sich von den Nahtoderfahrungen dergestalt, dass sich der begleitende Angehörige nicht in Todesnähe befindet und dennoch an der Lebensrückschau beteiligt ist. Dazu heißt es in einem Bericht:

»Ich war die ganze Zeit im Krankenhaus bei ihm und hielt ihn bei seinem Tod in den Armen. Als er starb, ging Johnny geradewegs durch meinen Körper hindurch. Es fühlte sich an, wie ein Stromschlag. Als das geschah, platzte plötzlich unser ganzes Leben um uns herum auf und verschluckte augenblicklich das Krankenhauszimmer. Überall war Licht. Alles, was wir je getan hatten, war in diesem Licht. Es war eine Szene, die uns rundum umgab und alles enthielt, was Johnny und ich gemeinsam oder getrennt erlebt hatten.«[20]

Die Frau aus dem obigen Beispiel sah auch viele Dinge, die ihr Mann vor ihrer Heirat getan hatte.
In einer gemeinsamen Rückschau wird vor allem das gemeinsame Leben reflektiert. Andererseits erfahren die Erlebenden

Dinge, die sie von ihren Partnern nicht gewusst haben. In einem anderen Beispiel erkannte eine Frau Freunde ihres Mannes, denen sie persönlich nicht begegnet war und die sie später dann wiedererkannte.

Manchmal tauchen auch unbekannte Orte in den Visionen auf, die später aufgesucht werden und die genauso waren, wie sie in der Vision gezeigt wurden. Die Angehörigen erfahren Dinge, die sie vorher nicht wussten und die sich als zutreffend herausstellen.

Empathische Sterbeerlebnisse und die gemeinsame Lebensrückschau zeigen uns ein weiteres Mal, dass alles, was wir gesagt oder getan haben während unseres Lebens, im universellen Gedächtnis gespeichert ist. Unsere Erinnerungen befinden sich also außerhalb des Gehirns in einer Art Bewusstseinsfeld. In den empathischen Erlebnissen werden simultan die Gefühle, Erinnerungen und Empfindungen des Verstorbenen mitempfunden. Dabei werden die Auswirkungen der Gedanken, Worte und Taten eines Menschen auf andere ebenfalls erlebt. Zwei Schwestern begleiteten ihre todkranke Mutter und nahmen gemeinsam an der Lebensrückschau ihrer Mutter teil.

»Beide erzählten, der Raum habe sich zu drehen begonnen, erst schnell und dann langsamer, bis er schließlich wieder zum Stillstand kam. Dann stellten die Schwestern fest, dass sie neben der Mutter standen, die Jahrzehnte jünger wirkte. Gemeinsam tauchten sie in den Lebensrückblick ihrer Mutter ein, in dem viele Szenen vorkamen, die sie selbst miterlebt, und auch viele, von denen sie nichts gewusst hatten. Sie sahen den ersten Freund ihrer Mutter und spürten ihren Kummer, als die Beziehung auseinanderging. Sie entdeckten auch die Gefühle, die ihre Mutter für einen Witwer empfand, der in der gleichen Straße wohnte, und wie sie sich danach gesehnt hatte, mit ihm ins Gespräch zu kommen.«[21]

77

Weitere Aspekte

Das Mitsterben kann sich direkt am Krankenbett ereignen, jedoch auch in räumlicher Entfernung. Eine Frau erzählte mir:

»Mein Vater hatte sich eine schwere Lungenentzündung zugezogen und wurde im Krankenhaus untersucht. Ich war fast drei Tage ununterbrochen an seinem Bett, doch dann setzte eine unendliche Erschöpfung ein. Ich fuhr nach Hause und legte mich sofort ins Bett. Plötzlich wurde ich aus meinem Schlaf hochgerissen und befand mich außerhalb meines Körpers. Ich versuchte, mich zu orientieren, und sah ein liebevolles friedliches Licht. Darin sah ich meinen Vater, der mir zulächelte und dann neben mir stand. Das war genau der Augenblick seines Todes, wie ich es wenig später vom Krankenhaus erfuhr.«

Die Erfahrung des Mitsterbens kann also auch im Schlaf auftreten. Das wird auch von Kindern immer wieder berichtet.

»Der vierjährige Max erwachte schreiend aus seinem Schlaf. Seine Mutter stürzte voll Sorge in sein Zimmer und fand in mit emporgestreckten Armen im Halbschlaf vor. Sie versuchte, Max zu beruhigen, und dachte, dass er sicherlich einen Albtraum hatte.
Kaum war der Junge zu sich gekommen, schrie er nur: ›Onkel Franz! Er ist neben dem Waschbecken auf den Boden gefallen. Dann ist ein Licht gekommen und eine Frau stand da mit roten Haaren, zu der er Monika sagte.‹ Die Mutter war alarmiert und versuchte, den Onkel zu erreichen, doch er meldete sich nicht.
Wenig später kam ihr Mann von der Arbeit und sie fuhren zum Haus des Onkels. Dort lag er genau so, wie Max ihn im

78

Traum gesehen hatte. Das Erstaunlichste an diesem Fall ist der Umstand, dass die Frau mit den roten Haaren die älteste Schwester des Onkels war, die schon vor Max' Geburt gestorben war.«

Sobald alle Begrenzungen des menschlichen Körpers aufgelöst sind, erleben die Betroffenen, ob Kind oder Erwachsener, einen erweiterten Bewusstseinszustand. Sie sind imstande, Dinge und Ereignisse, die sie vom Ort ihres Aufenthalts gar nicht wissen können, wahrzunehmen. Wie in dem obigen Beispiel des vierjährigen Max befinden sie sich am Ort des Geschehens und nehmen konkret wahr, was dort geschieht. Darüber hinaus werden anwesende Verstorbene, die offenbar den soeben Verstorbenen in Empfang nehmen, konkret wahrgenommen.

Erlebende berichten immer wieder darüber, dass sie Musik, Töne oder sphärische Klänge vernommen haben. Das wird auch von Sterbenden immer wieder geschildert. Eine Frau berichtete:

»Ich saß in der Ecke in einem Sessel, hundemüde. Plötzlich bemerkte ich eine Menge Leute um das Bett herum. Ich konnte meinen Mann im Bett sehen und plötzlich war es, als würde aus der oberen Zimmerecke ein Glitzern herunterkommen, gleichzeitig hörte ich Musik. Ich bat alle, still zu sein, damit ich der Musik zuhören konnte. Als sie lauter wurde, verstärkte sich das Glitzern und bewegte sich zu meinen Mann hinüber. Es war die schönste und erstaunlichste Musik, die ich je gehört hatte. Jede Note war ein Glitzerpunkt. Ich sah Musik. Da waren Millionen Noten, und es erinnerte mich an das Gefühl, das ich in der Kirche bekomme, wenn mit den Glöckchen geklingelt wird. Während das geschah, kam die Krankenschwester zu mir herüber und sagte mir, dass mein Mann tot sei. Er war gestorben, als das Glitzern ihn berührte.«[22]

79

Das Beispiel deutet an, dass manche beim Sterben eines Menschen die anwesenden Verstorbenen sehen können. Eine Frau beobachtete beim Tod ihrer Mutter Folgendes:

»Ich sah meinen Vater, der sieben Jahre zuvor gestorben war, da stehen, wo das Kopfende des Bettes sein musste. Ich sah ihm direkt ins Gesicht und ein liebevolles Strahlen wanderte zwischen uns hin und her, doch er konzentrierte sich sofort wieder auf meine Mutter. Er sah aus wie ein junger Mann, obwohl er bei seinem Tod neunundsiebzig gewesen war. Er hatte etwas Strahlendes, das ganz durch ihn hindurchging – etwas sehr Mitreißendes. Er war voller Leben.«[23]

Empathische Todeserlebnisse zeigen uns in aller Deutlichkeit, dass die Vorgänge beim Sterben, wie sie im Sterbeprozess und in den Nahtoderfahrungen wahrgenommen werden, ein universales Muster beinhalten. Dass sie in den letzten Jahren so zugenommen haben, ist durchaus auf die Beschäftigung vieler Menschen mit Spiritualität und dem Leben nach dem Tod zurückzuführen. Die geburtenstarken Jahrgänge der 1950er- und 1960er-Jahre haben die Entstehung der Sterbeforschung durch Elisabeth Kübler-Ross und die Erkenntnisse der Nahtodforschung als Zeitzeuge erlebt. All das öffnet den Blick für die Existenz der jenseitigen Welt. Wenn wir uns dieses Wissen mehr zu eigen machen würden, bräuchten wir keine Angst mehr vor dem Tod zu haben.

ZWEITER TEIL
Das Phänomen
der Nachtodkontakte

1. Kapitel

Was sind Nachtodkontakte?

Unter dem Begriff Nachtodkontakte wird ein In-Verbindung-Treten oder eine Kommunikation eines Verstorbenen mit lebenden Verwandten oder anderen Bezugspersonen verstanden. Derartige Kontakte erfolgen auf sehr subtile Weise und gehen spontan von einem Verstorbenen aus. Direkte Nachtodkontakte können nicht absichtlich von uns herbeigeführt werden. Sie treten ohne erkennbare äußere Ursachen auf.

Zahlreiche Verstorbene treten mit ihren Angehörigen deswegen in Kontakt, weil sie ihr Verhalten zu Lebzeiten bereuen und um Vergebung bitten, aber auch, um Angehörige von falschen Schuldgefühlen zu befreien.

Nachtodkontakte werden über verschiedene Sinne erlebt: durch Hören, Fühlen oder Sehen. Es gibt eine Vielfalt unterschiedlicher Formen, in denen sie auftreten können. Nachtodkontakte sind empirisch belegbare Phänomene, deren Existenz vom Anbeginn schriftlicher Aufzeichnungen bis heute dokumentiert wurde. Dennoch sind Nachtodkontakte immer noch ein äußerst tabubesetztes Thema und werden von vielen Menschen skeptisch oder gar als Fehlwahrnehmungen abgetan. Für die Erlebenden jedoch sind Begegnungen mit Verstorbenen von großem Wert und Bedeutung und gelten als außerordentlich tröstlich. Die Kommunikation mit einem Verstorbenen, unabhängig, in welcher Form sie auftritt, wird niemals vergessen und vermag die Denkweisen eines Menschen für immer zu verändern. Das Auftreten dieser vielfältigen Phänomene beinhaltet ein nicht zu unterschätzendes Heilungspotenzial, das den Verlauf des Trauerprozesses positiv beeinflusst.

»Monika stand kurz davor, ihren Freund Bernhard zu heiraten. Am Tag seines Unfalls wartete sie auf ihn, als ihr Handy klingelte und die Polizei sie über seinen plötzlichen Unfalltod informierte. Monikas Welt brach schlagartig zusammen, und sie konnte tagelang nicht ihr Schlafzimmer betreten, da noch Kleidungsstücke von Bernhard herumlagen und auch sein Geruch in den Laken war.

Irgendwann war sie so erschöpft und ausgelaugt, dass sie sich in ihr Bett legte. In dem Moment, als sie ihre Augen schloss, fühlte sie unmittelbar Bernhards Gegenwart. Sie wusste, dass er da ist, direkt neben ihr. Monika war von ihren Gefühlen völlig überwältigt. Bernhard war gekommen, um ihr zu zeigen, dass er nach wie vor für sie da ist. Dadurch fand Monika ihren inneren Frieden wieder.«

Die Häufigkeit von Nachtodkontakten

Nachtodkontakte treten meistens dann auf, wenn die Trauernden nicht an die Verstorbenen gedacht haben. Die Erlebenden gingen zu diesem Zeitpunkt ihren gewöhnlichen Alltagsbeschäftigungen nach. Wir wissen heute, dass derartige Phänomene sehr weit verbreitet sind. Nachtodkontakte werden auf der ganzen Welt erlebt und sind unabhängig von den jeweiligen Kulturen und Religionen.

Sie sind zu allen Zeiten in der menschlichen Geschichte dokumentiert worden. Besonders aufschlussreich in diesem Kontext sind die Berichte über die Auferstehung Jesu Christi im Neuen Testament. Wenn wir die vier kanonischen Evangelien miteinander in ihren Aussagen über die Auferstehung vergleichen, muss festgestellt werden, dass die unterschiedlichen Formen der Nachtodkontakte in diesen Erzählungen bereits vorhanden sind.

84

Da ist von einem Gegenwartsgefühl bei den Jüngern die Rede, Jesus erscheint einigen, der ungläubige Thomas will seine Hand in die Wunde legen (Berührungen) und Jesus manifestiert sich in seiner fleischlichen Hülle.

Solche Phänomene werden in allen Ländern der Welt erlebt und machen deutlich, dass Nachtodkontakte keine Randerscheinungen der Trauer um einen geliebten Menschen sind, noch handelt es sich um Wunschvorstellungen oder Halluzinationen. Bereits die Guggenheims belegten in ihrer Studie (1995), dass weit über vierzig Prozent der Gesamtbevölkerung der Vereinigten Staaten unerwartete Begegnungen mit Verstorbenen erlebt haben. Da sie allerdings immer noch ein großes Tabuthema sind und viele Menschen aus Angst oder Zweifel nicht darüber sprechen, können wir heute mindestens von der Hälfte der Bevölkerung eines Landes ausgehen, die nach dem Tod eines Angehörigen Nachtodkontakte erlebt hat.

In den letzten Jahren zeigte sich ein sprunghafter Anstieg derartiger Phänomene. Die Kontakte mit Verstorbenen nahmen an Intensität erheblich zu, ebenso berichten immer mehr Menschen von der ständigen Gegenwart eines Verstorbenen. Dabei kommt es immer häufiger zu Botschaften über den gegenwärtigen Bewusstseinswandel: Die Verstorbenen wollen uns Hilfestellung geben und uns in diesem Prozess unterstützen.

Der Verlust eines geliebten Angehörigen verstärkt die intuitiven Wahrnehmungen der Betroffenen und kann durchaus bisher nicht erkannte mediale Fähigkeiten erwecken. Das Gegenwartsgefühl mündet mitunter in eine Art Schwebezustand, der bis zu einer Stunde andauern kann, und das sogar wiederholte Male. Je mehr Vertrauen in die Präsenz eines Verstorbenen gesetzt wird, desto mehr kann die Erfahrung gemacht werden, dass wir Stütze und Halt im Alltag erleben, durch die wir uns begleitet und geborgen fühlen. Menschen erleben oft gerade in schwierigen Situationen direkte Hilfe und Beistand von verstorbenen Bezugspersonen.

Je mehr wir unser Herz für die Liebe öffnen und die Impulse der Innenwelt zu deuten verstehen, desto intensiver kann sich ein jenseitiger Kontakt gestalten. Durch Vertrauen und Akzeptanz der höheren geistigen Kräfte wird so manches möglich, was wir uns bisher nicht einmal vorzustellen vermochten.

Schon vor zehn Jahren waren Nachtodkontakte ein weit verbreitetes Phänomen, aber die Erlebnisse waren eher von kurzer Dauer. Die meisten Botschaften wirkten wie Telegramme. Viele Menschen berichteten von ihren Eindrücken, dass der Verstorbene sich von ihnen verabschieden wollte. Es war die kurze Botschaft, dass es ihm gut geht, dass das Fortleben nach dem Tod Realität ist und sich die Angehörigen keine Sorgen machen sollen, da es ein Wiedersehen in der geistigen Welt gibt. Nachtodkontakte waren von kurzer Dauer und die Kommunikation mit den Verstorbenen erfolgte etwa zwei- bis dreimal. Dann schloss sich der Vorhang zur geistigen Welt wieder. Die meisten Phänomene ereignen sich im ersten Jahr nach dem Ableben, besonders häufig innerhalb der ersten sieben Tage nach dem Tod. Nachtodkontakte können jedoch auch noch viele Jahre später auftreten, zu jeder Zeit und an jedem Ort. Ungefähr die Hälfte der Erfahrungen wird im Wachzustand erlebt, die andere Hälfte im Schlaf. Deswegen sind Begegnungen mit Verstorbenen im Traum das am häufigsten erlebte Phänomen.

Evelyn Elsaesser-Valarino bietet in ihrem Aufsatz über Nachtodkontakte einen vortrefflichen Überblick über alle bisherigen wissenschaftlichen Forschungsergebnisse. Diese zeigen in besonderer Weise auf, dass Nachtodkontakte keineswegs eine Reaktion auf die Verzweiflung von Menschen in der Trauer darstellen.[24]

Es handelt sich dabei nicht um Trauerhalluzinationen, wie die Nachtodkontakte von vielen Psychotherapeuten immer noch gerne abgetan werden. Die Phänomene gehen eindeutig von einem spezifischen Verstorbenen aus und können weder manipuliert noch erzwungen werden.

86

Ein noch genauer zu untersuchender Inhalt eines Nachtodkontakts ist die Bitte um Vergebung. Sterbende erhalten durch die Lebensrückschau einen tiefen Überblick über die liebevollen, aber auch negativen Aspekte ihres Lebens. Erkanntes Unrecht führt bei vielen zu dem innigen Wunsch, die Hinterbliebenen um Vergebung zu bitten. Das tritt besonders häufig nach einem Suizid auf.

Manche bedanken sich für alles, was andere für sie während ihres Lebens getan haben. Die Erlebenden erhalten die Vergewisserung, dass wir uns alle dereinst wiedersehen werden und wir auch im Hier und Jetzt unseres Alltags nicht von den Verstorbenen getrennt sind.

In den mitunter wie Telegramme wirkenden Aussagen werden keine Einzelheiten über die andere Daseinsform mitgeteilt. Das wird eher in Visionen und Träumen, als Traum im Traum, erlebt. Die Kraft der Begegnung mit einem Verstorbenen durch die erlebte Nähe und Realität ist ein eindeutiger Indikator für die Echtheit des Phänomens und bewirkt wie in den Nahtoderfahrungen Persönlichkeitsveränderungen. Mitunter werden Nachtodkontakte auch von mehreren Personen gleichzeitig erlebt, insbesondere bei physikalischen Phänomenen.

Bruce Greyson, Professor für Psychiatrie an der Universität Virginia, widerspricht der These vieler seiner Kollegen, dass es sich bei den Nachtodkontakten um Halluzinationen handeln würde. Er begründet das wie folgt:

»Diese Menschen sind völlig normal, abgesehen davon, dass sie verstorbene Bezugspersonen sehen, hören oder von ihnen berührt werden. In diesem Kontext kann man nicht von Halluzinationen sprechen. Aber leider haben wir kein anderes Wort dafür, außer man verwendet den religiösen Begriff Vision oder den paranormalen Ausdruck Erscheinung, aber es gibt keinen wissenschaftlichen Terminus für eine nicht gemeinsam erlebte Wahrnehmung.«[25]

2. Kapitel

Die unterschiedlichen Formen der Nachtodkontakte

Nachtodkontakte treten in vielfältigen und unterschiedlichsten Formen auf. Die Amerikaner Bill und Judy Guggenheim veröffentlichten 1995 eine von ihnen durchgeführte Studie, die es erstmalig ermöglichte, eine Unterscheidung zwischen den verschiedenen Formen zu treffen. Wir werden uns im Folgenden damit intensiv auseinandersetzen. Zunächst ein Überblick darüber, wie Menschen Kontakte mit Verstorbenen erleben. Diese unterschiedlichen Kriterien werden dann im weiteren Verlauf des Kapitels genauestens analysiert und beschrieben. Die unterschiedlichen Formen sind:

1. Der Augenblick des Todes
2. Das Gegenwartsempfinden
3. Akustische Wahrnehmungen
4. Körperliche Berührungen
5. Gerüche, die mit einem Verstorbenen assoziiert werden
6. Vollständige und partielle Erscheinungen
7. Nachtodkontakte zwischen Wachen und Schlafen
8. Begegnungen im Traum
9. Außerkörperliche Erfahrungen mit Verstorbenen
10. Physikalische Phänomene
11. Symbolische Zeichen
12. Warnung vor Gefahr
13. Die Bitte um Vergebung

Der Augenblick des Todes

Zahlreiche Menschen berichten darüber, im Augenblick des Todes eines Angehörigen, von dem sie noch gar nicht wussten, dass er gestorben war, dessen Erscheinung gesehen oder seine Gegenwart gespürt zu haben. Das ist ein außergewöhnlich weit verbreitetes Phänomen. Es wird damit in Zusammenhang gebracht, dass der soeben Verstorbene sich verabschieden will. Auf der ganzen Welt wird berichtet, dass der Zeitpunkt des Erlebens genau mit dem Zeitpunkt des Todes übereinstimmt.

»Monika begleitete seit mehreren Wochen ihren sterbenden Mann Karl in einem Hospiz. Sie wünschte sich sehr, den Augenblick des Übergangs in die andere Welt mitzuerleben. Monika wachte drei Nächte hintereinander bei ihrem Mann und war dann so müde, dass sie es eine weitere Nacht nicht aushalten konnte. Sie fuhr nach Hause und verfiel sofort in einen traumlosen tiefen Schlaf.

Gegen zwei Uhr war sie plötzlich hellwach und spürte deutlich die Gegenwart ihres Mannes. Er teilte ihr telepathisch mit, dass er endlich von seinen Schmerzen befreit sei. Er sehe das Licht und schwebe nun hinein. Dann löste sich die Erscheinung Karls auf. In diesem Augenblick klingelte das Telefon. Es war das Hospiz, welches sie informierte, dass ihr Mann um zwei Uhr gestorben sei.«

Sobald das Bewusstsein eines Menschen seinen Körper verlassen hat, kann der Geist des Verstorbenen seine Gefühle vermitteln: die Erleichterung darüber, ohne Schmerzen zu sein, oder ein Gefühl der Ruhe, der Seligkeit und des Friedens. Im Augenblick des Todes kann das Bewusstsein auf Reisen gehen und der Verstorbene kann sich überall aufhalten. Das Ich des Verstorbenen erlebt eine Bewusstseinskontinuität und kann sich je nach Vermögen den Angehörigen mitteilen. Sehr häufig werden in diesem spezifischen Moment Erscheinungen erlebt, wobei der Verstorbene in Licht eingehüllt ist.

»Mein Onkel lag schon längere Zeit im Sterben, und ich liebte ihn sehr. Dennoch konnte ich nicht ständig an seinem Bett sein. Eines Nachts erwachte ich plötzlich gegen vier Uhr und sah ein Licht, das sich im Schlafzimmer ausbreitete. Da stand doch tatsächlich mein Onkel vor mir und lächelte vergnügt, als ob er mir sagen wolle, wie gut es ihm gehe. Ich spürte seine Liebe und wusste in diesem Moment, dass er gestorben war. Wenig später rief mich das Krankenhaus an und bestätigte die Vermutung. Ich fühlte mich sehr erleichtert und war froh darüber, dass er endlich seinen Frieden gefunden hatte.«

Anderen Erlebenden ist keineswegs bewusst, wenn sich ein Verstorbener bei ihnen verabschiedet, wie im folgenden Beispiel:

»Karin schlief tief und fest, als sie aus ihrem Schlaf aufschreckte und ihren Großvater an der rechten Seite des Bettes stehen sah. Er sagte nur: ›Ich werde jetzt gehen.‹ Karin schaute auf ihre Armbanduhr und es war genau sechs Uhr. Sie fragte sich, warum er wohl gekommen sei, und fiel zurück in den Schlaf. Zwei Stunden später wurde sie von ihrer aufgelösten Großmutter geweckt, die ihren Mann tot im Bett aufgefunden hatte. Da verstand ich erst, dass Opa sich von mir verabschiedet hatte. Einige Tage später lag der Totenschein auf dem Küchentisch. Mit großem Erstaunen stellte Karin fest, dass der Todeszeitpunkt ihres Großvaters mit sechs Uhr morgens angegeben war.«

Die Ankündigung des Todes kann in Form von Warn- oder Wahrträumen erfolgen, durch Stimmen, Klopfgeräusche oder Erscheinungen. Ein gemeinsames Kennzeichen der Nachtodkontakte sind die telepathischen Übermittlungen. Sehr eindrücklich sind dabei überraschende Begegnungen mit Personen, von denen die Erlebenden gar nicht gewusst haben, dass sie gestorben sind. Das folgende Beispiel zeigt uns in eindrücklicher Weise, dass derartige Phänomene unabhängig sind von Zeit und Raum. Eine Frau berichtete über ein Erlebnis mit ihrer Mutter:

»Ich hielt mich damals in Japan auf und schlief in meinem Hotelzimmer. Ungefähr um drei Uhr morgens wachte ich abrupt auf und nahm einen wunderbaren Lilienduft wahr. Der Duft überwältigte mich geradezu – er war im ganzen Zimmer! Ein Gefühl großer Liebe und Wärme überkam mich, und dann schlief ich wieder ein.
Drei Stunden später klingelte das Telefon. Es war mein Mann. Er sagte, das Pflegeheim habe ihn gerade angerufen, meine Mutter sei vor drei Stunden gestorben. Als ich den Zeitunterschied ausrechnete, war drei Uhr morgens in Japan ihre genaue Todeszeit in Connecticut. Während ich weinte, kam der Lilienduft wieder. Lilien sind die Lieblingsblumen meiner Mutter gewesen. Da verstand ich, dass meine Mutter da war, und sagte: ›Mama, du bist das! Es tut mir so leid, dass ich nicht da war, als du gestorben bist.‹ Sie sagte: ›Ich verstehe das. Es ist alles gut. Weine nicht um mich. Es ist besser auf der anderen Seite.‹«[26]

Manchmal sind die auftretenden Phänomene verwirrend und rätselhaft, da sie sich erst später als begründet herausstellen und der Erlebende nicht weiß, dass die erscheinende Person gestorben ist. Ein Mann berichtete:

»Aus der Dunkelheit meines Schlafes tauchte eine Gestalt auf. Sie kam langsam aus dem Hintergrund auf mich zu. Es war mein Freund Christoph. Um ihn herum war es dunkel, aber er

selbst wurde wie von einem Hintergrundscheinwerfer beleuchtet. ›Wo bist du?‹, fragte ich. Er antwortete in ruhigem Tonfall mit seiner mir bekannten Stimme: ›Ich bin gestorben.‹ Ich wurde schlagartig wach und erzählte meiner Frau den Traum. Ich war sehr verstört, es war 6.30 Uhr. Ich tat es zunächst als Unsinn ab, versuchte jedoch immer wieder, Christoph zu erreichen. Einige Wochen später war Christophs Bruder am Telefon. Er teilte mir mit, dass Christoph in der Nacht, als ich den Traum gehabt hatte, gestorben sei.
Tatsächlich stimmte alles genau überein. Mein Traum war an einem Dienstagmorgen und Christoph war in der Nacht von Montag auf Dienstag gestorben.«[27]

Derartige Erlebnisse haben oft den Charakter des Verabschiedens oder Tröstens. Eine Frau hatte seit Jahren keinen Kontakt mehr zu ihrem Vater, als sie sehr überraschend eine intensive Begegnung mit ihm im Traum erlebte.

»Ich träumte, mein Vater käme zur Tür herein. Mein Vater sah jung aus. Er kam lächelnd auf mich zu. Er war in überirdisch helles Licht getaucht und strahlte unendliche Liebe aus, Liebe, die er mir als Kind und auch später nie gegeben hat. Nun umarmte er mich und sagte, er müsse gehen, aber er sei dennoch immer bei mir.«[28]

Sehr viele Menschen berichten, dass Uhren exakt zum Todeszeitpunkt stehen blieben. Dafür gibt es keine rationale oder wissenschaftliche Erklärung und dennoch geschieht es immer wieder.
Besonders in Kriegs- und Katastrophenzeiten häufen sich Berichte über Nachtodkontakte. Während des Ersten und Zweiten Weltkrieges haben sich Millionen von Männern, die an den Fronten ums Leben kamen, auf vielfältige Weise im Augenblick ihres Todes kundgetan.

Die Sterbeforschung spricht in diesem Zusammenhang von sogenannten Krisenerscheinungen. Würden wir die vielfältigen Dokumente der damaligen Vorgänge aufarbeiten, könnten damit ganze Bibliotheken gefüllt werden. Wenn Menschen gleichzeitig zu Tausenden gewaltsam in die jenseitige Welt geschleudert werden, wird dabei in extremer Art und Weise geistige Bewusstseinsenergie freigesetzt, die sich bei den Angehörigen manifestieren kann, um mit ihnen in Kontakt zu treten. Eine alte Frau erinnert sich:

»An dem Tag, als mein Bruder in Stalingrad fiel, spürten wir seine Anwesenheit. Natürlich wussten wir nicht, was wirklich geschehen war. An diesem Nachmittag wurde plötzlich ein großes Gemälde, an dem er sehr hing, aus der Wand gerissen, ohne dass der Haken irgendwie beschädigt war. Eine unsichtbare Kraft schleuderte das Bild auf den Boden des Wohnzimmers, ohne dass es beschädigt wurde. Dann gab es einen lauten Knall und wir hörten diverse Klopfgeräusche, bis der Tumult verebbte.
Ganz deutlich vernahm ich die Stimme meines Bruders, der mir sagte, dass er nun in einer besseren Welt sei. Ich wusste, dass er gefallen war. Ich schrieb die Vorfälle und den Zeitpunkt des Geschehens in ein Tagebuch. Etwa zwei Monate später erhielten wir die Nachricht, dass mein Bruder in einem Gefecht ums Leben gekommen war, und zwar genau an jenem Tag, als wir zu Hause die ungewöhnlichen Phänomene erlebten.«

Krisenerscheinungen ereignen sich also zum Todeszeitpunkt, wobei der Tod plötzlich eintritt. Sie belegen, dass die Ich-Identität eines Menschen auch nach dem Tod intakt bleibt und sich aktiv mit den Angehörigen in Verbindung setzen kann. Es gibt zahllose Dokumente von Menschen, die ihren Sohn oder Ehemann im Augenblick des Todes auf dem Schlachtfeld gesehen haben. Es ist offenbar der Todesschock, der eine telepathische Kommunikation zwischen dem Gefallenen und den Angehörigen ermöglicht. In anderen Fällen wird dabei weniger das Bild des Sterbenden wahrgenommen, sondern die Betroffenen werden als ganz und heil gesehen.

In der jenseitigen Welt existiert weder ein Heute oder Morgen noch Vergangenheit oder Zukunft, sondern nur das ewige Jetzt. Der Verstorbene geht über in eine Art Multidimensionalität, in der es nichts Unerreichbares gibt. Verstorbene verfügen durch das erweiterte Bewusstsein über einen Einblick in unsere direkten Lebensverhältnisse. Deswegen gibt es so viele Berichte aus der Zeit der Weltkriege darüber, dass Verstorbene in gefährlichen Situationen ihre Angehörigen gewarnt haben und darauf aufmerksam machten, dass sie sich in großer Gefahr befinden. Dazu ein Beispiel, das mir ein alter Mann in einem Seminar berichtet hat:

»Während des Zweiten Weltkrieges begab ich mich todmüde in mein Quartier und schlief sofort ein. Ich wurde in meinem Schlaf dadurch gestört, dass ich in meinem Inneren den Ruf hörte, sofort aufzustehen. Dabei handelte es sich ohne Zweifel um die Stimme meines verstorbenen Vaters. Die Mächtigkeit dieses Anrufes brachte mich dazu, aus dem Fenster zu springen. Das hat mir das Leben gerettet, da das Haus durch eine Bombe zerstört wurde.«

Die endgültige Loslösung der Seele vom Körper in dem Moment, wenn die Silberschnur zerreißt, ist ein außerordentlich starkes energetisches Geschehen. Diese Loslösungsenergie katapultiert den soeben Verstorbenen in die Raum- und Zeitlosigkeit der anderen Welt, in der alles gleichzeitig erfahrbar ist. Sobald der Verstorbene an einen bestimmten Angehörigen denkt, befindet er sich unmittelbar in dessen Gegenwart. Das erklärt die Vielzahl von Phänomenen im Augenblick des Todes.

94

Es ist sehr auffällig, dass es in diesen Kontakten häufig um unerledigte Dinge geht, verbunden mit der Bitte um Vergebung.

»Frau Lehmann lag bereits seit Monaten im Koma, konnte aber nicht sterben. Der begleitende ambulante Hospizdienst spürte sehr deutlich ihre innere Unruhe. Sie wussten, dass sich Frau Lehmann unbedingt mit ihrer Tochter aussprechen wollte, mit der sie seit Jahren zerstritten war. Die Sterbebegleiterin hatte die Tochter sehr wohl informiert, doch sie kam zu spät, da Frau Lehmann bereits ins Koma gefallen war.
Einige Wochen später meldete sich die Tochter ganz aufgeregt beim Hospizdienst. Im Augenblick ihres Todes erschien Frau Lehmann ihrer Tochter in einem hellen Licht und bat um Vergebung dafür, die Bedürfnisse der Tochter nicht wirklich erkannt zu haben, da sie zu sehr in ihr eigenes Leben verstrickt gewesen war. Durch dieses Erlebnis konnte die Tochter Frieden schließen mit sich und ihrer Mutter. Die unbewältigte Wut auf die Mutter löste sich schlagartig auf.«

Dieses Beispiel zeigt in aller Deutlichkeit, dass Verzeihen immer möglich ist. Die Auflösung von Groll, Aggressionen und Wut ist eins der wichtigsten Elemente, um mit sich selbst ins Reine zu kommen. Jeglicher Mangel an Liebe verstärkt Negativität. Wir können uns erst aus diesem Kreislauf befreien, wenn wir die Dinge aus der Vergangenheit loslassen, uns selbst vergeben und aus ganzem Herzen verzeihen können.

Das Gefühl von Gegenwart

Das Gegenwartsempfinden eines spezifischen Verstorbenen ist eine der am häufigsten erlebten Formen der Nachtodkontakte. Hierbei wird die Gegenwart gefühlt, der Verstorbene wird jedoch nicht gesehen. Dieses Gefühl wird gewöhnlich umschrieben als ein konkretes Wissen darüber, wer sich zusammen mit dem Erlebenden im gleichen Raum befindet. Dieses intuitive Erlebnis ist unabhängig vom Ort des Geschehens, es ist personenzentriert und kann sich überall auf der ganzen Welt ereignen, zu jeder Zeit. Diese Form eines Nachtodkontaktes ist eine Wahrnehmung, bei der sich fast unmittelbar ein körperliches Empfinden von Nähe einstellt.

Jeder von uns verfügt über einen geistigen Wesenskern und ein ganz persönliches Energiemuster. Diese einzigartige und unverwechselbare Identität eines Verstorbenen wird im Raum des Erlebenden wahrgenommen. Manche berichten darüber, die Gefühle des Verstorbenen direkt wahrgenommen zu haben, wobei andere telepathische nonverbale Botschaften empfingen. Eine Frau berichtete mir:

»Plötzlich wusste ich, dass mein verstorbener Mann anwesend ist. Ich fühlte seine Gegenwart. Das war irgendwie unbeschreibbar. Ich hatte das Gefühl, dass er absolut lebendig neben mir steht. Das war keineswegs merkwürdig, sondern es fühlte sich ganz natürlich an, als ob er nicht gestorben wäre und noch immer bei mir ist.«

Die Präsenz eines Verstorbenen zu erleben ist für die meisten ein erstaunliches, unerwartetes und beglückendes Geschehen. Das Gefühl von Nähe stellt sich spontan ein. Es geschieht aus heiterem Himmel, ohne erkennbaren Grund oder einen spezifischen Anlass. Es geschieht einfach und manche haben das Gefühl, dass die Zeit stillsteht. Andere sprechen von einem Schwebezustand in einem leicht erweiterten Bewusstsein. Die Hinterbliebenen fühlen sich angenommen, geborgen und vor allem geliebt. Ein derartiges Erleben kann zu jeder Zeit auftreten.

Das wahrhaft erstaunlichste Phänomen in diesem Gesamtzusammenhang ist es, dass die jenseitigen Besucher sofort identifiziert und durch ihre individuelle Ausstrahlung erkannt werden. Die Erlebenden können also sehr deutlich zwischen dem verstorbenen Großvater, der Mutter oder der Tante unterscheiden. Nach dem Übergang in die andere Welt wird eine Kontinuität des spezifischen Ich-Bewusstseins erlebt, da die Essenz der Gedanken, Worte und Taten eines Menschen erhalten bleibt und ewig ist.

Verstorbene sind nach ihrem Übergang in die jenseitige Welt reine energetische Wesen, die ihre individuelle Essenz enthalten, wodurch die Identität erkannt wird. Die Erlebenden spüren die vertraute Nähe und Ausstrahlung wie zu ihren Lebzeiten.

»Karla verlor ihre Mutter durch Krebs, als sie fünfzehn Jahre alt war. In den ersten Monaten nach dem Tod ihrer Mutter träumte sie recht häufig von ihr und fühlte ihre tröstende Gegenwart. Das verlor sich völlig im Laufe der Jahre.

Viele Jahre später, es war exakt der Tag ihres vierzigsten Geburtstages, bereitete Karla vormittags ihre Geburtstagsfeier vor. Sie war gedanklich völlig damit beschäftigt, als sie plötzlich eine eigentümliche Gegenwart in der Küche spürte. Sogleich wusste sie, dass es sich um ihre Mutter handelte. Das war genau die liebevolle Art und Weise, die sie so sehr vermisste.

Sie fühlte die Nähe und persönliche Ausstrahlung ihrer Mutter. Es war, als ob sich Zeit und Raum aufheben würden. Karla spürte die Liebe ihrer Mutter als eine Wärme, die sich von innen nach außen ausbreitete. Dieser euphorische Bewusstseinszustand hielt etwa fünfzehn Minuten an. Sie vernahm telepathisch die beruhigende Botschaft ihrer Mutter: ›Ich bin so stolz darauf, was du aus deinem Leben gemacht hast.‹ Das war Karlas schönstes Geburtstagsgeschenk.«

Das ist ein ganz typisches Beispiel für eine völlig unerwartete Begegnung mit einem Verstorbenen. Obwohl die Mutter Karlas schon fünfundzwanzig Jahre tot war, erschien sie wie aus dem Nichts in ihrer Küche – mit ihrer spezifischen persönlichen Ausstrahlung, die Karla nie vergessen hatte. Selbst als freies Geistwesen ist die individuelle Essenz ihrer Mutter erhalten geblieben. Ein solches Erleben ist oft verbunden mit einem tiefen Gefühl von Wärme, Liebe und einer Geborgenheit, die sich von innen nach außen ausbreitet.

Hier ein weiteres Beispiel für einen völlig unerwarteten Kontakt. Drei Jahre nach dem Tod der Mutter fühlte eine Frau deren Gegenwart plötzlich bei sich im Auto:

»Ich fuhr die Straße entlang, wie jeden Tag auf dem Heimweg von der Arbeit. Plötzlich war meine Mutter bei mir im Auto! Sie war einfach da. Ich spürte ihre Gegenwart, ihr ganzes Wesen, als säße sie neben mir. Fast glaubte ich sie berühren zu können! Ich empfand ein unbeschreibliches Gefühl von Wärme, einer liebevollen und tröstlichen Wärme, so als wolle meine Mutter mir zu verstehen geben, dass sie immer für mich da sei. Es war ein wunderbares Erlebnis. Obwohl es nur kurze Zeit dauerte, schwebte ich danach fast vor Glück.«[29]

In diesen positiv erlebten Nachtodkontakten werden die Betroffenen in eine körperlich spürbare Wärme eingehüllt. Lucy Jell beschreibt dieses Phänomen in ihrem Buch über die Erlebnisse mit ihrer verstorbenen Schwiegertochter sehr konkret. Während einer Autofahrt ...

»... spürte ich, dass mein Sitz sehr warm geworden war, und wollte die Sitzheizung ausschalten, nur die Sitzheizung war nicht an. Alles, mein Sitz im Beckenbereich, mein Sitz im Rückenbereich und sogar meine Schultern, die den Sitz gar nicht berührten, wurden sehr, sehr warm. So wunderte ich mich, wie das denn möglich war, aber, wie ich mittlerweile erfahren hatte: Vieles ist möglich, aber nicht mit unserem Denken erklär-

98

bar oder logisch. Fünf Kilometer hatte ich bis zum nächsten Ort zu fahren, und während dieser Fahrt sprach ich in Gedanken mit unserer Alex, da ich das Gefühl hatte, jetzt gerade sei sie wieder einmal da.«[30]

Das Gegenwartsempfinden wird im Wachzustand erlebt. Das plötzliche und unerwartete Auftreten einer derartigen Begebenheit ist ein Indikator für seine Authentizität. Der Kontakt geht von dem Verstorbenen aus. Der Verlauf ist durch die Persönlichkeit des Verstorbenen individuell geprägt, und man kann ihn nicht manipulieren. Was immer geschieht, ist nicht von den Wünschen der Lebenden abhängig.

Wie Kontakte mit Verstorbenen zustande kommen

Die sehr subtilen Wahrnehmungen von der Präsenz eines Verstorbenen weisen uns darauf hin, wie derartige Kontakte zustande kommen. Die meisten Verstorbenen versuchen, uns früher oder später Zeichen ihres Fortlebens zu übermitteln. Das geschieht durch eine direkte geistige Energieübertragung aus den höheren Dimensionen der anderen Welt, direkt in das Umfeld des Erlebenden.

Die Begegnung mit einem Verstorbenen geht von diesem aus, ist unabhängig von menschlicher Kontrolle und auch davon, einen Kontakt erzwingen zu wollen. Das plötzliche Auftreten kann Hinterbliebene verunsichern und Angst erzeugen, besonders dann, wenn ein Erlebnis mit dem Unsichtbaren nicht für möglich gehalten wurde.

»Eine Frau beklagte den Verlust ihres Mannes, der mit nur fünfzig Jahren an einem plötzlichen Herzinfarkt gestorben war. Ihre Trauer und ihr Schmerz waren überwältigend. Eines Abends saß sie in ihrem Wohnzimmer, als sie plötzlich die

99

Nähe und Liebe ihres Mannes fühlte. Da dieses Ereignis völlig unerwartet auftrat, geriet sie zunächst in Panik. Einerseits wusste sie innerlich, dass die Präsenz ihres Mannes absolut real ist, andererseits überwog die Angst vor dem Unfassbaren durch ihre innere Blockade dem Geschehen gegenüber. Erst viel später erkannte sie, dass der Kontaktversuch seitens ihres Mannes ein Geschenk war, nachdem sie ihre Angst überwunden hatte. Sie wusste nun, dass ihr Mann weiterlebte und sie trösten wollte.«

Alles, was nicht fassbar ist, sichtbar oder greifbar, kann Menschen verängstigen. Viele können das plötzliche Auftreten der Gegenwart eines Verstorbenen nicht verstehen. Obwohl sie wissen, dass die Präsenz real erlebt wird, zweifeln sie an der Möglichkeit eines derartigen Geschehens. Manche können nicht mehr allein im Dunkeln schlafen oder lassen den Fernseher die ganze Nacht laufen aus Angst, Derartiges könnte noch einmal geschehen.

Ein Nachtodkontakt ist eine übersinnliche Erfahrung. Wir alle tragen den göttlichen Funken des höheren Selbst in uns, dem Verbindungsglied zwischen dieser und der anderen Welt. Die Energieübertragung durch den Verstorbenen ist ein Impuls, eine Information, wodurch wir auf die Präsenz des Verstorbenen aufmerksam gemacht werden. Das tritt meist unerwartet auf, wie aus dem Nichts in ganz alltäglichen Situationen.

Wenn sich der Hinterbliebene der Gegenwart bewusst wird und das Geschehen annehmen kann, erlebt er, wie Liebe, Wärme und Freude ihn von innen nach außen durchströmen. Für manche ist das wie ein zeitloses Schweben in einem leicht erweiterten Bewusstsein. Je nach Intensität, Offenheit und Innigkeit des Kontaktes wird die spezifische, unverwechselbare Ausstrahlung und Nähe eines Verstorbenen wahrgenommen, als intensives reales Wissen darüber, wer sich im Raum befindet.

Eine junge Frau berichtet sehr offen über das Gegenwartsgefühl nach dem Tod ihrer Oma:

»Bereits kurz nach ihrem Ableben stellte sich bei mir dieses Gefühl ein. Es war auf einmal da. Ich war irgendwie voller Liebe, verspürte auch tiefe Eigenliebe. Trotz meiner Traurigkeit, dass meine Oma nicht mehr lebte, war ich sehr entspannt und gelassen. Mir war richtig warm ums Herz. Dieses unglaubliche Wohlbefinden hielt einige Tage an und war dann wieder weg. Diese Gefühle, Empfindungen haben nun Spuren hinterlassen. Ich bin zufrieden und fühle mich getröstet.«

Das Gefühl von Präsenz vermittelt auf sehr subtile Weise, dass das Jenseits oder die geistige Welt nicht von uns getrennt sind, sondern unser Leben auf der Erde durchdringen. Deswegen nehmen die Verstorbenen alle unsere Gedanken und Gefühle wahr. Es ist wichtig zu wissen, dass unsere guten und liebevollen Gedanken die Verstorbenen zu jeder Zeit erreichen, wo immer sie sich auch befinden mögen. Dadurch entsteht eine Verbundenheit und die Verstorbenen begleiten uns durch Inspiration und senden uns Liebe.

Die liebevolle und einfühlsame Präsenz eines Verstorbenen kann auf besondere Weise dazu beitragen, auch seitens der Angehörigen einen Verstorbenen um Vergebung für Unterlassungen oder schwerwiegende Unstimmigkeiten zu bitten. Wir können jederzeit einen Nachtodkontakt nutzen, um Unerledigtes oder Unausgesprochenes zum Ausdruck zu bringen. Die Verstorbenen kennen unsere Sorgen und Gedanken und reagieren darauf.

»Frau Schmidt litt nach dem Tod ihres Mannes an großen Schuldgefühlen, da sie bei seinem Tod nicht anwesend gewesen war. Sie wollte sein Sterben nicht wahrhaben und verleugnete seinen wahren Zustand. Wenn ihr Mann sich mit ihr auszusprechen versuchte, entzog sie sich der Situation. Nach seinem Tod bereute sie ihr Handeln zutiefst.

Eines Nachmittags saß Frau Schmidt in ihrem Sessel, als sie plötzlich die liebevolle Anwesenheit ihres Mannes spürte. Im selben Moment sprach sie laut und deutlich in den Raum: ›Es tut mir so leid, dass ich nicht bei dir sein konnte. Ich wollte nicht akzeptieren, dass du sterben wirst. Kannst du mir das jemals vergeben?‹ Ihr Mann antwortete telepathisch: ›Selbstverständlich kann ich dir verzeihen. Ich wusste doch, dass du meinen Tod nicht wahrhaben wolltest. Jetzt ist alles gut, mach dir keine Gedanken mehr. Ich bin immer bei dir.‹

Von jenem Tag an waren Frau Schmidts Schuldgefühle verschwunden.«

Wir haben in der Gegenwart eines Verstorbenen immer die Möglichkeit, unangenehme und unerledigte Dinge auszusprechen, um mit uns selbst ins Reine zu kommen. Wir können Verstorbene darum bitten, uns zu verzeihen. Wenn Vergebung geschieht, ist es auch Gnade, die sich allerdings nicht erzwingen lässt.

Diese innere Verbindung ermöglicht es, dass sich mehrere Verstorbene gleichzeitig bei einer Person kundtun. Auch in diesem Fall werden die Verstorbenen eindeutig unterschieden. Derartige Erlebnisse tragen emotional und geistig zur Heilung der Trauer bei.

»Ich erhielt eines Tages einen Anruf von meiner Schwester, die mir sagte, dass Brandon, mein achtjähriger Neffe, mit dem Fahrrad tödlich verunglückt war. Am nächsten Tag flog ich nach North Carolina, um an der Beerdigung teilzunehmen. Ich brachte ein Gedicht mit, das ich bekommen hatte, als mein Sohn Jason vor zwei Jahren gestorben war. Meine Familie wollte, dass ich dieses Gedicht an Brandons Grab las. Aber mir war nicht wohl dabei, weil ich nicht wusste, ob ich den

102

Gottesdienst durchstehen würde. Als ich das Gedicht schließlich las, spürte ich plötzlich die Gegenwart von Jason und Brandon. Sie waren da – das stand für mich fest! Was ich am meisten spürte, war Liebe und Fürsorge und sehr viel Ruhe und Gelassenheit. Intuitiv wusste ich, dass sie mir in dieser schwierigen Situation helfen wollten.«[31]

In allen Nachtodkontakten mit Gegenwartsempfinden wird den Erlebenden unerwartet und unvermittelt bewusst, dass bestimmte Verstorbene anwesend sind. Das ist mehr als ein Gefühl, das mit allen Sinnen wahrgenommen wird. Neben der Anwesenheit wird häufig ein Gedankenaustausch erlebt, obwohl der Verstorbene weder gesehen noch gehört wird. Es handelt sich dabei um die Präsenz einer geistigen Energie, die telepathisch Gedanken übermittelt.

Nachtodkontakte sind die Bestätigung für die Ewigkeit von Leben und Liebe und überzeugende Beweise für das Weiterleben nach dem Tod. Wir benötigen dieses Wissen dringend, damit die vorherrschende kollektive Angst vor dem Tod aufgelöst werden kann.

Unerwartete Geruchsphänomene

Das Gegenwartsgefühl ist häufig mit der Wahrnehmung des spezifischen Geruchs eines Verstorbenen verbunden. In der Umgebung oder im Raum tritt dieser Geruch plötzlich in Erscheinung. Typische Düfte sind Parfüms oder Aftershaves, Blumendüfte jeder Art, mitunter auch Nahrungsmittel, Getränke oder Tabak. Dadurch wird ein assoziativer Bezug zu einem bestimmten Verstorbenen offenbar und er kann eindeutig identifiziert werden. Das Phänomen tritt sehr häufig auf. Eine Frau berichtete mir:

103

»Mein Mann starb infolge einer schweren Krebserkrankung. Ich vermisse ihn sehr und gehe jeden Tag auf den Friedhof. Letzte Woche wollte ich neue Blumen einpflanzen, als ich wie aus dem Nichts deutlich den Duft des Rasierwassers meines Mannes spürte. Das war verbunden mit einem intensiven Gefühl seiner Nähe. Er vermittelte mir telepathisch: ›Du bist nie allein, ich bin immer bei dir!‹ Ich hatte das Gefühl, dass er direkt neben mir stand, mir sogar näher war als zu seinen Lebzeiten. Ich fühlte mich unheimlich getröstet. Dann löste sich der Duft ebenso schnell auf, wie er gekommen war.«

Hier ein weiteres Beispiel:

»Hannah starb mit fünf Jahren an Leukämie. In den letzten Wochen ihres Lebens benutzte ich eine bestimmte Pflegecreme, mit der ich sie einrieb. Das mochte sie sehr gerne und linderte ihre Schmerzen. Nach ihrem Tod erschien sie mir zunächst in Träumen. Doch das folgende Erlebnis hüte ich wie ein Himmelsgeschenk.
Ich saß an meiner Nähmaschine und war in meine Arbeit vertieft, als ich plötzlich ganz intensiv den Geruch von Hannahs Pflegecreme spürte. Das Nähzimmer kam mir vor wie verwandelt, so, als fiele mehr Licht in den kleinen Raum. Ich fühlte ganz deutlich Hannahs Gegenwart. Raum und Zeit schienen sich aufzuheben und wir waren wiedervereint. Einen derartigen Frieden habe ich lange nicht mehr gespürt und Liebe und Wärme durchfluteten mich. Dann waren der Duft und ihre Gegenwart ebenso schnell verschwunden, wie sie eingetreten waren.«

Gerüche können unsere Stimmung aufhellen. Besonders häufig werden Blumendüfte wahrgenommen und immer gibt es einen direkten Bezug zu einem Verstorbenen.

104

»Drei Wochen nach dem Tod meines Mannes saß ich am Schreibtisch und arbeitete. Auf einmal roch es unglaublich intensiv nach Rosen! Der Duft war so stark, als stünde ein Rosenstrauß auf dem Schreibtisch, direkt vor meiner Nase. Ich wusste, das kam von Russell! Ich sah mich im Büro um, aber es standen nirgendwo Rosen. Niemand sonst roch sie – nur ich. Der Duft blieb ziemlich lange in der Luft und ich fühlte einen vollkommenen, tiefen Frieden.

Russell hatte mir früher zum Geburtstag, zu anderen Anlässen und manchmal auch ohne Grund Rosen ins Büro geschickt. Ich wusste intuitiv, dass er sie mir auch diesmal geschickt hatte, um auf diese Weise seine Liebe zu zeigen.«[32]

Wir alle tragen über Jahre hinweg bestimmte Düfte, die durchaus schon zu Lebzeiten ein Erkennungszeichen sind. In den Nachtodkontakten mit Geruchswahrnehmung ist es für die Hinterbliebenen dadurch einfach, einen Verstorbenen zu identifizieren. Kleidung kann ebenso einen Geruch verströmen wie Seife oder Kosmetika. Geruchsphänomene werden häufig auch von mehreren Personen gleichzeitig wahrgenommen.

»Unser Sohn Johannes starb mit fünf Jahren völlig unerwartet nach einer Hirnhautentzündung. Mein Mann und ich waren fassungslos, über Monate wie betäubt und wünschten uns von ganzem Herzen ein Zeichen von Johannes. Eines Tages saßen wir beim gemeinsamen Abendbrot und planten unseren Urlaub.

Keiner dachte in diesem Moment an Johannes, als der ganze Raum plötzlich von einem Apfelduft erfüllt war, den ich immer in Johannes' Zimmer versprüht hatte. Mein Mann fragte mich erstaunt, ob ich den Duft auch rieche. Ich nickte nur. Wir spürten beide deutlich seine Gegenwart und waren sehr glücklich über dieses Erleben.«

So mancher wird durch einen Nachtodkontakt davon überzeugt, dass es ein Fortleben nach dem Tod tatsächlich gibt. Besonders Männer sprechen nicht gerne über ihre diesbezüglichen Erlebnisse, weil sie Angst davor haben, was andere über sie sagen oder denken könnten. Nachtodkontakte entziehen sich unserer Verstandeslogik. Wie in dem obigen Fall lösen Geruchsphänomene positive Gefühle aus und überzeugen auch den Ehemann von der Präsenz des Sohnes. Gemeinsam erlebte Nachtodkontakte sind ein besonderes Geschenk, da es keinen Zweifel hinterlässt, dem Verstorbenen wirklich begegnet zu sein.

Peter und Vivian bemerkten einen Rosenduft im Zimmer ihrer Tochter, die durch einen Autounfall ums Leben gekommen war. Sie hatten deren Tod noch nicht überwunden und bekamen ein deutliches Zeichen ihrer Anwesenheit:

»Und dann merkte ich plötzlich, dass es ganz intensiv nach Rosen duftete! Wenn man die Nase in eine Rosenblüte gesteckt hätte, wäre der Duft nicht intensiver gewesen! Ich verstand das als ein Zeichen von April, die damit meinte, dass sie nun an einem besseren Ort sei. In den nächsten Wochen roch es in Aprils Zimmer immer wieder, wenn auch nicht ständig, ganz stark nach Rosen. Mein Mann und ich fühlten uns sehr getröstet.«[33]

Geruchsphänomene während des Sterbens

Viele Menschen haben davon berichtet, einen Blumenduft im Augenblick des Todes eines Angehörigen wahrgenommen zu haben. Eine Frau, die ihren Mann im Sterben begleitete, erzählte mir in einem Seminar:

»Plötzlich war ein ausgesprochener Blumenduft im Raum. Ich hatte noch nie jemanden begleitet und fragte die anwesende

106

Schwester, ob sie das auch bemerkte. Sie nickte nur zustimmend. Ich schaute mich im Raum um, aber es gab nichts, was irgendwie mit diesem Duft in Verbindung stehen könnte. Ich habe es später für mich so verstanden, dass dieses die Art meines Mannes war, sich von mir zu verabschieden.«

Spontan auftretender Blumenduft kündigt häufig den Tod eines Nahestehenden an, wie eine liebevolle Geste des Abschieds.

Körperliche Berührungen

Eine Form des Nachtodkontaktes ist eine körperliche Berührung durch einen Verstorbenen. Das kann sich in einer Umarmung, durch Streicheln oder in einem Kuss ausdrücken. Es handelt sich dabei um vertraute Gesten. Das tritt besonders häufig auf, wenn vorher eine enge oder intime Beziehung bestand.
Die Erlebenden erhalten dadurch die Gewissheit, nicht allein zu sein. Taktile Berührungen sind stets mit dem Gegenwartsgefühl verbunden, wobei der Verstorbene seine Nähe körperlich zum Ausdruck bringt. Das wird meistens im Wachzustand erlebt.

»Eine Frau, deren Sohn Albert mit acht Jahren durch einen Unfall ums Leben gekommen war, war darüber verzweifelt und konnte oft vor Schmerz oder Trauer nicht einschlafen. Fünf Wochen nach seinem Tod spürte sie plötzlich Alberts Hand, die sanft ihr Gesicht streichelte. Es war genauso, wie er es vor seinem Tod getan hatte. Seine Gegenwart wirkte wohltuend auf sie und die Frau fühlte sich das erste Mal seit Wochen entspannt. Albert wollte ihr mitteilen, dass alles gut wird, und sie fühlte sich getröstet.«

Verstorbene wählen vertraute Gesten, wodurch sie wiedererkannt werden. Wenn ein Ehemann die Angewohnheit hatte, das Knie seiner Frau zu streicheln, würde sie eine Berührung im Gesicht nicht mit ihm in Verbindung bringen können. Deswegen sind sich die Erlebenden absolut sicher, dass sie sofort wissen, um wen es sich handelt.

»Monika war als Beifahrerin mit ihrem Freund Walter unterwegs, als ein Auto sein Motorrad streifte und beide in einen Graben geschleudert wurden. Ihr Freund war sofort tot. In der Notaufnahme des Krankenhauses – sie wusste noch nichts von seinem Tod – fühlte sie plötzlich einen tiefen inneren Frieden, vollkommene Ruhe und eine sonderbare Wärme erfasste ihren ganzen Körper.
In den darauffolgenden Monaten spürte Monika immer wieder ein Streicheln auf ihrer Wange, das sie durch die wiederkehrende Intensität und Vertrautheit mit Walter in Verbindung brachte. Sie fand ihren inneren Frieden wieder und wusste, dass Walter nach wie vor bei ihr ist. Diese Erfahrungen bereicherten ihr Leben ungemein.«

Unerwartete Berührungen von Verstorbenen können mitunter die Angehörigen verunsichern oder gar verängstigen. Nicht jeder kann mit dieser Nachtodform umgehen.
Ich möchte an dieser Stelle auch darauf hinweisen, dass wir einem Verstorbenen direkt sagen können, wenn wir etwas nicht wollen. Ein zu intensives Erleben wirkt mitunter erschreckend, zumal es meist plötzlich in Erscheinung tritt. Dennoch ist es niemals die Absicht eines Verstorbenen, uns durch seine Gegenwart zu erschrecken. Elena schrieb mir:

»Vor einigen Jahren starb mein Opa. Wir hatten ein sehr enges Verhältnis. Vier Wochen nach seinem Tod wurde ich wie aus dem Nichts berührt. Ich empfand ein Streicheln im Gesicht, im

108

Haar und manchmal kraulte er mir den ganzen Körper. Zunächst genoss ich die Berührungen meines Opas, denn sie linderten meine Trauer. Mein Problem ist jedoch, dass das Erleben nicht mehr vergeht, und das schon seit vier Jahren. Ich muss gestehen, dass ich es immer wieder zugelassen habe. Ich kann nicht mehr allein im Dunkeln schlafen, lasse den Fernseher die ganze Nacht laufen und ziehe nachts die Gardinen nicht zu. Alles, weil ich Angst habe.«

Diese Frau befindet sich in einem Zwiespalt: Einerseits sehnt sie sich nach der Nähe ihres Großvaters, andererseits hat sie Angst, ihn wirklich loszulassen, da dann die Phänomene aufhören würden. Ein junger Mann schrieb mir Ähnliches:

»Ich bin zwanzig Jahre alt und vor einem halben Jahr starb mein Vater. Kurz nach seiner Beerdigung, ich war gerade am Einschlafen, bemerkte ich ein sanftes Streicheln vom Kopf bis zu den Schultern. Ich weiß, das ist mein Vater, der mich trösten will. Es ist immer nur von kurzer Dauer, doch es wiederholte sich über viele Wochen. Mir wurde die Situation immer unheimlicher. Eines Tages bat ich ihn, die Berührungen sein zu lassen. Sie hörten danach schlagartig auf.«

Die Verstorbenen wollen uns durch ihre Anwesenheit trösten und durch körperliche Zuwendungen beruhigen. Die Angst bei den Hinterbliebenen entsteht dadurch, dass etwas Unerwartetes und Ungewöhnliches geschieht, das wir vorher nicht für möglich gehalten haben. Dennoch hat ein taktiler Kontakt eine große Heilkraft. Den Angehörigen wird vermittelt, dass die Verstorbenen zurückkehren, um ihnen ihre Zuneigung zu zeigen und den Lebenden Mut zu machen, nicht aufzugeben und in Trauer zu versinken. Mike verlor seine Tochter Laura bei einem Autounfall:

»Zwei Tage nachdem meine Tochter getötet wurde, lag ich auf dem Sofa und schlief. Ungefähr zehn Minuten nach dem Einschlafen wurde ich von Lauras Kuss geweckt. Ich wusste genau, sie war da! Sie küsste mich auf die Lippen – ich spürte, wie sie mich küsste! Ich wusste ohne jeden Zweifel, dass meine Tochter mir diesen Kuss gab, um mir zu zeigen, dass es ihr gut ging. Alles, was Laura zu sagen hatte, war in diesem Kuss enthalten. Es war sehr tröstlich für mich – ich war so froh! Das war das Wunderbarste, was ich je erlebt habe!«[34]

Verstorbene versuchen, durch ihre Gesten und Berührungen ihre Gefühle zum Ausdruck zu bringen. Die Angehörigen empfinden das häufig wie eine Wolke aus Wärme und Trost, in der sie eingehüllt sind. Viele sind dadurch imstande, den Verlust zu akzeptieren, durch die Liebe und den Frieden, die ihnen zuteil werden.

Im folgenden Beispiel erfolgt eine Art von Aussöhnung durch einen Nachtodkontakt. Linda hatte ihr Leben lang kein gutes Verhältnis zu ihrer Mutter. Das änderte sich erst in den letzten Monaten, bevor diese an Krebs verstarb. Linda war traurig darüber, dass sie sich mit ihrer Mutter nie wirklich ausgesprochen hatte. Am Tag nach der Beerdigung der Mutter erlebte sie Folgendes:

»Ganz plötzlich fühlte ich, dass meine Mutter irgendwie im Zimmer schwebte. Zuerst glaubte ich an eine Halluzination. Aber dann legte sie die Arme um mich und tröstete mich. Sie legte sich um mich wie eine große, daunenweiche, warme Wolke und wiegte mich wie ein verängstigtes kleines Kind. Ich hatte lange, lange geweint und sie beruhigte mich wieder. Ihre Umarmung gab mir Kraft und Energie, und sie dauerte ungefähr fünfzehn Minuten. Ich wusste, es war meine Mutter. Ich wusste es einfach! Und ich bin sehr dankbar dafür, dass sie mir geholfen hat, meinen Kummer zu bewältigen.«[35]

110

Verzeihen zu können und aufeinander zuzugehen ist zu jeder Zeit möglich, da unsere Alltagswelt nicht von dem, was wir Jenseits nennen, getrennt ist. Verstorbene sind sozusagen nur einen Wimpernschlag von uns entfernt.

Durch ihre Anwesenheit durchdringen uns die Verstorbenen, und deswegen können wir vor ihnen nichts verbergen. Sie reagieren auf Gedanken und Bedürfnisse, da sie nicht von uns getrennt sind. Das Jenseits ist keine entfernte Dimension, sondern ein Sein, in dem nur Liebe wirklich ist, eine Welt der Gleichzeitigkeit und Allgegenwärtigkeit – jenseits aller Form. Für die Verstorbenen existieren keine körperlichen, mentalen oder emotionalen Begrenzungen mehr, und allein ein Gedankenimpuls kann sie in unsere Nähe bringen. Eine Frau berichtete:

»Meine Tochter Tina nahm sich das Leben aufgrund einer langwierigen psychiatrischen Erkrankung. Ich hatte das Gefühl, versagt zu haben, und meine Trauer wurde durch quälende Schuldgefühle verstärkt. Eines Abends lag ich völlig verzweifelt auf meinem Sofa, als ich plötzlich die Gegenwart Tinas spürte. Dann war ich eingehüllt in eine Umarmung, und sie teilte mir telepathisch mit, dass sie ihren Frieden gefunden habe, und ich solle mir keine Vorwürfe machen.

Sie allein trage die Verantwortung für ihr Handeln. Es tue ihr alles sehr leid, aber das sei ihr Weg gewesen. Ich spürte eine innere Wärme, die mich durchdrang, und meine Arme, die sie immer noch hielt, wurden sehr warm. Das war wie eine Heilung, als hätte Tina mein innerstes Wesen erfasst, um mich von meinem lähmenden Schmerz zu befreien. Ich bin für dieses Erleben unendlich dankbar und fand meinen Lebensmut wieder.«

Durch seine äußerst intime Natur ist der Aspekt körperlicher Berührungen besonders unvergesslich und vermag in Zeiten schwerer Trauer und des Niedergedrücktseins so manchen

Hinterbliebenen zu trösten. Die Verstorbenen unterstützen uns dabei, einen Verlust in ein inneres Gewahrsein ihrer Gegenwart zu verwandeln. Dadurch kann der Schmerz transzendiert werden.

Visuelle Erscheinungen von Verstorbenen

In der Forschung werden zwei unterschiedliche Arten der Erscheinungen Verstorbener definiert: partielle oder vollständige Erscheinungen.

In den partiellen Erscheinungen werden die Verstorbenen als helles Licht, als Gesicht, das von einem Licht umgeben ist, als obere Körperhälfte oder als kompletter Körper beschrieben. Da reicht die Bandbreite vom durchsichtigen Nebel bis hin zur vollständigen Gestalt. Visuelle Begegnungen sind sehr dramatische Erlebnisse, die nicht jeder sogleich verarbeiten kann und manchmal auch auf die Erlebenden erschreckend wirken. Dennoch haben in der Regel alle visuellen Erscheinungen eine äußerst tröstliche Wirkung.

Bei den vollständigen Erscheinungen wird ein verstorbener Angehöriger in seiner Gesamtheit erblickt. Dabei kann es mitunter vorkommen, dass er sich als feststofflich und lebensecht manifestiert. Die Verstorbenen werden, unabhängig von vorangegangenen Leiden, als ganz und heil gesehen. Sie wirken glücklicher und freier als zu ihren Lebzeiten. Psychische oder physische Leiden sind völlig verschwunden. Sie strahlen Liebe aus und sind im Mitgefühl. Verstorbene verfügen offenkundig über Weisheit und Abgeklärtheit.

Vollständige Erscheinungen

Eine Frau berichtete mir, dass sie ihren Vater nach seinem Ableben plötzlich in seinem Fernsehsessel sitzen sah.

»Er trug sein dunkelblaues Sweatshirt und die schwarze Trainingshose. Er war liebevoll und wirkte vollkommen gesund, obwohl er an einer schweren körperlichen Auszehrung durch Krebs gestorben war. Ich konnte es einfach nicht fassen, so unglaublich lebensecht erschien er mir. Nun wusste ich, dass es ihm gut geht, davon konnte ich mich durch seine Erscheinung persönlich überzeugen. Nach etwa drei Minuten löste sich die Gestalt einfach auf. Ich bin heute noch dankbar, dass ich das erleben durfte. Nichts hätte mich mehr überzeugen können, so klar und direkt, wie diese visuelle Begegnung. Endlich konnte ich seinen Tod annehmen in dem Wissen, dass er ganz und heil ist.«

Skeptiker zweifeln oft an einem Leben nach dem Tod, da es dafür keinen wissenschaftlichen Beweis gibt. Das hat dazu geführt, dass Nachtodkontakte nicht für möglich gehalten werden. Nahtoderfahrungen, Sterbevisionen oder Visionen der Anderswelt werden dann physiologisch oder psychologisch wegrationalisiert. Die Sterbeforschung hat jedoch in den letzten vierzig Jahren diese unterschiedlichen empirisch belegbaren Phänomene als eindeutig real erforscht und vermochte, sie in ihren stets wiederkehrenden Inhalten zu verifizieren. Das zeigt sich in besonderer Weise in den Begegnungen mit Verstorbenen.

So mancher erlebt in seinem Leben Dinge, die er vorher nicht für möglich gehalten hat. Durch ein persönliches und subjektives Erleben wandelt sich so mancher Skeptiker von einem Saulus zum Paulus. Diesbezügliche Umfragen haben aufgezeigt, dass selbst die verbohrtesten Skeptiker besonders durch eine visuelle Erscheinung eines Verstorbenen von der Echtheit ihrer Wahrnehmung überzeugt werden konnten.

Das Leben nach dem Tod ist keine Theorie, die sich messen lässt, abwägen oder fassbar wird unter Laborbedingungen. Es handelt sich immer um zutiefst subjektive geistige Erfahrungen, die dem menschlichen Verstand nicht zugänglich sind. Alle übersinnlichen oder geistigen Phänomene ereignen sich jenseits der menschlichen Verstandeslogik.

Wir können wissenschaftlich nicht erklären, dass uns ein Verstorbener lebensecht erschienen ist oder sich sogar körperlich manifestiert hat, da Derartiges unseren Naturgesetzen und Vorstellungen vom Tod widerspricht. Und doch sind Nachtodkontakte eine nicht von der Hand zu weisende empirische Realität, die von Millionen von Menschen in unserem Land und überall auf der Welt erlebt werden. Die Verstorbenen sind nicht von uns getrennt, doch wir neigen dazu, uns von dieser Wirklichkeit durch unsere Zweifel und Ängste abzuschneiden. Diese hindern uns, die Wahrheit des Lebens nach dem Tod anzunehmen.

Nachtodkontakte sind ein mächtiger spiritueller Faktor, der so manches wissenschaftliche Denkgebäude zum Einsturz bringen kann. Jede Trennung ist eine Illusion. In den folgenden Beispielen der Erscheinungen Verstorbener handelt es sich um Erlebnisse im Wachzustand, die also im Außen eines Raumes wahrgenommen wurden. Eine Frau schrieb mir:

»Früher hab ich nie an ein Leben nach dem Tod geglaubt und es einfach als Hirngespinst abgetan. Vor drei Jahren starb mein Opa und kurz nach seinem Tod erschien er mir leibhaftig in meinem Schlafzimmer. Ich war hellwach und plötzlich streichelte er mir meinen Bauch und sagte mir, dass ich bald einen Sohn bekommen würde. Seine Gestalt war fest und real und er wirkte mindestens dreißig Jahre jünger. Ich war vollkommen überwältigt. Er lachte schelmisch und fragte, ob ich nun an ein

114

Leben nach dem Tod glauben würde? Dann löste er sich einfach auf und verschwand durch die Wand.

Irgendwie wusste ich nicht, wie mir geschah, das alles war so unerwartet und plötzlich. Was mich vor allem beschäftigte, war die Frage, warum er sagte, ich würde einen Sohn bekommen, obwohl ich gar nicht schwanger war? Am nächsten Tag suchte ich spontan meinen Frauenarzt auf. Zu meinem großen Erstaunen stellte er fest, dass ich tatsächlich schwanger war. Nun erst konnte ich akzeptieren, dass mein Großvater offenbar mehr von meinem Leben wusste als ich selbst. Ich wusste, dass es ein Leben nach dem Tod gibt. Später spürte ich häufiger seine Gegenwart und – ich bekam einen Sohn.«

Erscheinungen können natürlich auch im Traum auftreten, nicht nur im Wachzustand. Ein gemeinsames Kennzeichen ist es dennoch, dass die Verstorbenen ganz und heil aussehen. Wenn wir einen geliebten Angehörigen über Jahre bei einem schweren auszehrenden Leiden begleitet haben, ist es nach dem Tod oft schwer, sich an die Zeiten zu erinnern, als diese Person noch gesund und schmerzfrei war. Das Leiden hat sich in der Erinnerung eingeprägt.

In derartigen Fällen können visuelle Begegnungen mit Verstorbenen sehr hilfreich sein, wenn der Hinterbliebene sieht, wie glücklich und gesund der Verstorbene jetzt ist. Die Essenz eines Menschen, sein tiefster individueller Wesenkern, bleibt unberührt von allen psychischen oder physischen Beeinträchtigungen. Der Tod hebt alle körperlichen Makel auf.

Aus den Nahtoderfahrungen wissen wir, dass jeder Schmerz endet, sobald der Körper verlassen wird. Menschen, die durch einen Autounfall schwer verletzt worden sind, gaben zu Protokoll, dass sie durch einen spontanen Körperaustritt den Aufprall oder die daraus resultierende Verletzung nicht gespürt haben. Der Schmerz tritt erst dann auf, wenn sie auf der Intensivstation in ihrem Körper wieder zu sich kommen. So ist es mit allen Krankheiten, die biologisch bedingt sind, die jedoch auf der geistigen Ebene nicht existieren, da wir weder der Körper noch die Erkrankung sind, sondern davon unabhängige geistige Wesen. Ein Mann schrieb mir:

»Über einen Zeitraum von fünf Jahren begleitete ich das Krebssterben meiner Frau durch endlose Operationen und Chemotherapien, zwischen Hoffnung und Verzweiflung. In ihrem letzten Jahr verfiel sie zusehends körperlich. Sie wurde immer weniger und bestand nur noch aus Haut und Knochen. Diesen Anblick kann ich nicht vergessen und auch meine Hilflosigkeit, ihr nicht helfen zu können.
Etwa drei Wochen nach ihrem Tod kam sie zu meiner großen Überraschung plötzlich lebensecht die Treppe herunter. Sie strahlte glücklich, wie ich das noch nie an ihr gesehen hatte, und sah aus wie Mitte dreißig. Meine Frau war ganz in Weiß gekleidet und war heiter und gelassen. Sie vermittelte mir, dass wir uns wiedersehen würden und dass es ihr gut geht. Dann löste sich ihre Gestalt einfach auf. Dadurch fasste ich neuen Lebensmut.«

Besonders nach Unfällen, bei denen Personen verstümmelt worden sind, machen sich Angehörige viele Gedanken darüber, wie der Betroffene das wohl körperlich erlebt haben mag. In solchen Fällen sind visuelle Erscheinungen äußerst hilfreich, um das Trauma und die Trauer nach einem plötzlichen Tod verarbeiten zu können.
Sarah hatte ihren zwanzigjährigen Sohn durch einen schweren Autounfall verloren. Was sie besonders belastete, waren seine zahlreichen körperlichen Verstümmelungen. Eines Morgens, kurz nach dem Aufstehen, stand Peter plötzlich in der Küche.

»Es kam mir vor, als brauchte ich nur die Hand auszustrecken, um ihn anzufassen, so nah war er. Er trug seine Jeans und sein

116

Lieblings-T-Shirt. Seine Gestalt war in ein helles Licht gehüllt, doch er wies zu meiner Überraschung und Freude keinerlei Verletzungen auf. Im Gegenteil, er sah gesünder und strahlender aus als zu seinen Lebzeiten. Er sagte mir, dass ich mir keine Sorgen machen soll. Sein Tod sei seine Bestimmung gewesen. Ich solle nicht so tief um ihn trauern und ihn gehen lassen, bis wir uns wiedersehen. Dann löste sich das Licht auf, wie auch seine Gestalt. Ich war sehr erleichtert darüber, dass er ganz und heil war, und ich wusste nun, dass es Peter gut geht. Das half mir dabei, mein eigenes Leben in Angriff zu nehmen und nicht in der Trauer stecken zu bleiben.«

Das ist ein weiteres Beispiel dafür, dass Verstorbene nicht wollen, dass wir unter ihrem Tod leiden. Sie machen immer wieder deutlich, dass sie von sämtlichen Schmerzen und Begrenzungen des irdischen Körpers befreit sind. Es gibt immer wieder Fälle vollständiger Erscheinungen, in denen sich der Verstorbene sogar körperlich manifestiert und Stimme, Berührung und Geruch zusammenwirken, wie zu Lebzeiten. Eine Frau erlebte eine derartige Begegnung mit ihrem Bruder:

»Vor dieser Erscheinung glaubte ich nicht an solche Dinge. Ich hatte schon von meinem Bruder geträumt, aber das hier war kein Traum. Drei Monate nach Josefs Tod lag ich im Bett neben meinem Mann und schlief. Ich spürte, wie jemand mich am Fuß rüttelte, um mich aufzuwecken. Ich schaute hin und da saß Josef am Bettrand mit der Hand auf meinem Fuß. Er sah ganz echt aus, wie jeder andere Mensch. Ein warmes, gelblich weißes Licht umgab ihn wie eine Aura. Er wirkte ruhig und zufrieden.
Er umarmte mich – ich spürte seine Umarmung körperlich, er fühlte sich wunderbar warm und liebevoll an, und ich roch auch sein Rasierwasser. Josef sagte: ›Es geht mir gut, und du solltest nicht unglücklich sein. Alles ist in Ordnung. Es ist

117

schön, wo ich bin.‹ Ich redete durch meine Gedanken mit ihm und sagte ihm, dass ich ihn liebe. Dann verblasste er langsam. Ich war erleichtert, weil ich mich nicht mehr fragen musste, wie es meinem Bruder wohl gehen mochte.«[36]

Der Anblick eines geliebten Menschen und das Wissen darüber, dass es ihm gut geht, vermag die Trauerarbeit zu erleichtern. Visuelle Nachtodkontakte erweisen sich als lebhafte geistige Bilder der Unversehrtheit. Wir können daraus schließen, dass wir einst alle Heilung erfahren werden und uns dann in einer anderen Welt befinden, in der wir mit unseren geliebten Verstorbenen wieder vereint sind.

Partielle Erscheinungen

Zum Abschluss dieses Kapitels über Erscheinungen möchte ich kurz noch auf die Formen eingehen, bei denen die Gestalt eines Verstorbenen nicht vollständig, sondern nur Körperteile oder auch Licht gesehen werden. Partielle Erscheinungen treten mit allen anderen Formen der Nachtodkontakte zusammen auf. Sehr häufig innerhalb dieser Kategorie ist die Wahrnehmung eines Verstorbenen als helles Licht. Eine Frau berichtete mir:

»Ich werde nie den Tag meiner Hochzeit vergessen. Meine Mutter war erst sechs Wochen zuvor gestorben, und ich hätte mich sehr gefreut, wenn sie dieses Ereignis noch erlebt hätte. Plötzlich, als ich vor dem Altar stand, fühlte ich eindeutig ihre Gegenwart. Im selben Moment schien ein Licht auf, und ich erkannte darin das schemenhafte Gesicht meiner Mutter. Ihre Augen strahlten in einer Art Seligkeit und Zuneigung, wie ich das zuvor bei ihr noch nie gesehen habe. Es war, als hebe sich ein Schleier zwischen dieser und der anderen Welt, und Wärme und Liebe durchfluteten mich. Es dauerte nur ein paar Sekunden, doch nun wusste ich, dass meine Mutter bei mir ist. Diese wunderbar friedliche Gegenwart spendete unbeschreiblichen Trost und gab mir Kraft.«

Verwaiste Eltern, deren Kind durch einen Unfall oder einen Suizid ums Leben gekommen ist, sind häufig dermaßen aufgewühlt und verstört, dass sie glauben, nicht mehr leben zu können. Gerade in solchen Situationen sind Erscheinungen besonders hilfreich. Solange wir hier leben, haben wir alle unsere spezifischen Lebensaufgaben zu erfüllen, seien sie bewusst oder nicht. Verluste jeder Art stellen eine große Herausforderung dar für geistiges Wachstum.
Eine Frau verlor ihren zwanzigjährigen Sohn durch einen Motorradunfall:

»Zehn Tage nach dem Tod meines Sohnes erschien in meinem Schlafzimmer ein Licht. Ich sah Brads Gesicht, seine Augen und sein Lächeln und alles umgeben von Licht. Ich wollte zu ihm und streckte die Arme nach ihm aus. Brad sagte: ›Mama, es geht mir gut.‹ Ich wusste, dass er das sagte, es drang direkt in meine Gedanken ein. Ich sagte: ›Mein Sohn, ich möchte bei dir sein.‹ Er schüttelte lächelnd den Kopf und sagte: ›Nein, deine Zeit ist noch nicht gekommen, Mama.‹ Er sah friedlich und glücklich aus, als er ging. Danach drehte ich mich beruhigt auf die Seite und schlief, wie ich seit Brads Tod nicht mehr geschlafen hatte.«[37]

Brad deutet an, dass unser Leben einen tieferen Sinn in sich trägt und dass das mehr ist als der tägliche Kampf ums Überleben. Nach dem Tod erleben wir dramatische Veränderungen unserer bisherigen Sichtweisen, da wir das Leben nun aus einer höheren Sicht der Dinge betrachten.
Innerhalb der Erscheinungen von Verstorbenen geht es sehr oft um Vergebung. Eine Frau berichtete mir:

»Mein Vater war nie ein liebevoller Mensch gewesen. Er war sehr streng und schlug uns bei der kleinsten Verfehlung. Nach seinem plötzlichen Unfalltod erschien er mir wie in einem grauen Nebel, obwohl ich seine Hand, die in ein Licht eingehüllt war, eindeutig erkannte. Er bat mich für alles, was er mir angetan hatte, um Verzeihung.

Er betonte, dass er mich immer geliebt habe, dass er jedoch durch die Gewalt seines Vaters dieses Verhaltensmuster fortgesetzt habe. Er bereute sein gewalttätiges Verhalten. Das nahm eine schwere Last von mir. Dadurch konnte auch ich ihm endlich vergeben, was mich von den negativen Einflüssen der Vergangenheit befreite. Später hatte ich noch häufiger Kontakte mit ihm, und er bedankte sich für mein Verständnis.«

Wenn wir uns von einem Sterbenden nicht verabschiedet haben oder im Augenblick des Todes nicht bei ihm waren, entstehen oft Schuldgefühle, welche die Trauerverarbeitung blockieren. Sie sind auch ein Grund für die zahlreichen Kontakte mit Verstorbenen, die uns versichern wollen, dass es ihnen gut geht und dass es keinen Grund gibt, traurig darüber zu sein.

In der Begleitung eines Sterbenden ist es einfach wichtig, Mitgefühl aufzubringen und für ihn da zu sein. Es ist sehr schwer für viele Menschen, wenn sie das Gefühl haben, sich nicht ausreichend verabschiedet zu haben. Und doch vermag niemand genau einschätzen, wann der Tod eintritt. Darüber haben wir als Menschen keine Kontrolle.

Sich darüber später zu viele Gedanken zu machen und sich gar damit zu quälen ist völlig überflüssig. Es zeigt sich, dass Verstorbene auch deswegen zurückkehren, um uns den inneren Frieden zurückzugeben. Manchmal fühlen sich Menschen schuldig, weil sie nicht an der Beerdigung teilnehmen konnten. Was der Mensch glaubt, versäumt zu haben, und wie das aus der Sicht eines Verstorbenen erlebt wird, sind völlig unterschiedliche Betrachtungsweisen.

120

»Mein Vater starb nach einem Herzinfarkt. Ich habe es mir nie vergeben, dass ich im Augenblick seines Todes nicht bei ihm sein konnte. Wir hatten damals in der Firma ein wichtiges Projekt zu erledigen, und ich hatte überhaupt keine Zeit, bei ihm zu sein, zumal ich nicht mit seinem baldigen Ableben rechnete. Bedauerlicherweise konnte ich auch an seiner Beerdigung nicht teilnehmen. Ich litt an diesen Umständen unsäglich.

Eines Abends sah ich plötzlich seine Hand vor meinen Augen, die sich öffnete und mir sagte, dass alles gut wird. Ich solle aufhören, mich selbst zu bedauern. Er vermittelte mir, dass er stets in Reichweite sei und dass ihm von meinen persönlichen Sorgen nichts entgehe. Er wollte mir sagen, dass es viele Dinge im Leben gibt, die sich unserer persönlichen Kontrolle entziehen. Das erleichterte mich ungemein, und ich konnte endlich Frieden mit dem Tod meines Vaters schließen.«

Verstorbene erscheinen oft in kritischen Situationen und an Wendepunkten unseres Lebens. Gelegentlich greifen sie sogar ein, wenn sie am dringendsten gebraucht werden.

»Meine zweite Ehe hatte sich als großer Fehler entpuppt und hielt nur vier Monate. Ich war äußerst deprimiert über das Ganze. Einmal war ich besonders niedergeschlagen und hatte mich gerade aufs Bett gelegt, als mein Vater mir zu Hilfe kam. Er war eine transparente Gestalt, durch die hindurch ich den Raum sah. Mein Vater war kein besonders herzlicher Mensch gewesen. Auf seinem Gesicht lag ein leichtes Lächeln. Er hatte nie viele Worte gemacht, aber wir wussten, dass er uns liebte. Deshalb bedeutete seine Anwesenheit mit diesem Lächeln mir wirklich viel. Er brauchte nichts zu sagen – er war da. Die Gegenwart meines Vaters war für mich ein deutliches Zeichen seiner Liebe. Es war der Durchbruch, der mir half, mich aus der Depression wieder aufzurappeln und innerlich ein bisschen mehr Frieden zu finden.«[38]

121

Dieses Beispiel illustriert, dass die Verstorbenen nach wie vor an unserem Leben teilhaben. Manchmal durchbrechen sie unsere Unsicherheiten und vermögen, durch ihr Dasein und ihre Präsenz neuen Lebensmut zu spenden. Das zeigt sehr deutlich, dass wir ihnen nach wie vor etwas bedeuten.

Nachtodkontakte haben zu allen Zeiten und in allen Kulturen starke Auswirkungen auf die Erlebenden gehabt. Erscheinungen, ob vollständig oder unvollständig, haben stets eine positive, transformative Wirkung. Die Grundlagen der bisherigen Realitätserfahrung werden erschüttert, und es offenbart sich ein Eingebundensein in ein größeres Ganzes. Dadurch können selbst tief sitzende Zweifel und Ängste überwunden werden. Die Betroffenen erkennen, dass sie niemals wirklich allein sind. Das verändert begrenzte Glaubens- und Denkkonzepte. Durch Erscheinungen wird in besonderer Weise das Leben nach dem Tod zu einer Gewissheit.

Akustische Wahrnehmungen

In den akustischen Erlebnissen während eines Nachtodkontaktes wird die Stimme eines Verstorbenen entweder im Außen gehört oder im Inneren. Manchmal werden dabei Dinge enthüllt, die der Empfänger vorher nicht wusste. Das unerwartete Auftreten des Hörens der Stimme eines Verstorbenen ist ein Erleben, das die Vorstellungskraft eines Menschen sehr stark überfordern kann. Da dies von vielen nicht für möglich gehalten wird, kann Derartiges auch Unsicherheit und Angst auslösen.

Eine Frau verlor ihren Sohn mit zweiundzwanzig Jahren durch eine Hirnhautentzündung. Eines Nachts lag sie bewegungslos, aber wach in ihrem Bett, als sie wie aus dem Nichts die Stimme ihres Sohnes laut und deutlich vernahm.

122

»›Mama‹, sagte er, ›bist du wach?‹ Ich erinnere mich, dass wir ein richtiges Gespräch führten, und er erzählte mir, dass er da, wo er jetzt sei, sich sehr wohl fühle. Dennoch glaubte ich, mir das Ganze einzubilden und dass ich mit mir selbst spräche. Mein Sohn reagierte auf meine Gedanken und sagte mir, dass er mit seinem Freund, der vor zwei Jahren bei einem Autounfall ums Leben gekommen war, wieder zusammen sei. Er erzählte mir Dinge aus dem Leben des Jungen, die ich nicht wusste. Ich kannte dessen Mutter und sprach mit ihr. Sie bestätigte jedes Detail der Aussagen meines Sohnes. Nun konnte ich glauben, dass mein Sohn tatsächlich mit mir gesprochen hat.«

In diesem Beispiel werden eindeutige verbale Botschaften übermittelt und die Stimme des Verstorbenen wurde identifiziert. Die Sprachmelodie und Intonation klingen vertraut. Unabhängig von der Form eines Nachtodkontaktes können Verstorbene unsere persönlichen Gedanken wahrnehmen und darauf reagieren. Eine Frau berichtete:

»Ich wurde durch ein Geräusch wach. Es war Scotts Stimme, so klar wie früher. Ich erkannte sie sofort. Seine Mitteilung kam eindeutig von außen. Er sagte: ›Du brauchst dich nie zu fürchten. Du wirst immer die Menschen um dich haben, die dir guttun.‹ Er sagte das mit einer solchen Überzeugung, dass mir schien, als wisse er mehr darüber als ich. Nach dieser Botschaft fühlte ich, dass alles gut werden würde, auch wenn Scott nicht mehr da war.
Dieses Erlebnis hat wirklich viel für mich verändert. Eine große Last wurde von mir genommen. Scotts Stimme klang so kräftig und lebendig, dass sie mich aus dem Schlaf aufweckte. Seine Mitteilung war genau die emotionale Unterstützung, die ich brauchte, um mein Leben neu strukturieren zu können.«[39]

123

Weitaus häufiger ist eine telepathische Kommunikation mit einem Verstorbenen. Dabei werden Botschaften nicht durch den Gehörsinn vermittelt, sondern durch die Gedanken. Karen erlebte nach dem Unfalltod ihres Bruders Folgendes:

»Fünf Monate nach dem Tod meines Bruders fuhr ich nach einem Abendseminar nach Hause. Ich dachte nicht einmal an ihn. Plötzlich, ganz unvermittelt, hörte ich seine Stimme in meinem Kopf. Das war Telepathie und ich erkannte seine Art zu sprechen. Er sagte: ›He, kleine Schwester. Mach dir keine Sorgen mehr um mich. Alles ist in Ordnung.‹ Dann, vielleicht eine Minute später, erhielt ich noch eine Mitteilung: ›Mein Unfall ist nicht von Bedeutung. Er ist nicht wichtig. Höre auf zu grübeln.‹ Das war die Antwort auf viele meiner Ängste.«[40]

Begegnungen mit Verstorbenen in Träumen

Es gehört zum allgemeinen Erfahrungsschatz der Menschheit, dass Träume als Zugangsmöglichkeit zu göttlichen Dimensionen betrachtet werden. Zwischen Wachen und Schlafen sind wir der jenseitigen Welt besonders nahe. Begegnungen mit Verstorbenen im Traum sind die am meisten verbreitete Form der Nachtodkontakte. Sie ereignen sich im Tiefschlaf, wenn das normale Wachbewusstsein ausgeschaltet ist. Selbst bei tiefer Trauer befindet sich unser Unterbewusstsein in einem aufnahmebereiten Zustand, den die Verstorbenen nutzen, um mit uns in Kommunikation zu treten.

Träume von Verstorbenen unterscheiden sich erheblich von normalen Träumen, in denen Erlebnisse des Tages verarbeitet werden und die wir meistens schon beim Aufwachen wieder vergessen haben. Begegnungen mit Verstorbenen im Traum haben eine völlig andere Qualität: Der Ablauf ist geordnet und lebhaft, sie haben einen äußerst realen Inhalt und werden nicht vergessen.

Wer jemals Derartiges erlebt hat, erinnert sich noch viele Jahre später an die Intensität und Realität des Erlebten. Nachtodkontakte im Schlaf vermitteln vielen Menschen die Gewissheit, dem Verstorbenen wirklich begegnet zu sein.

Die moderne Psychologie sieht Träume als Produkt der menschlichen Fantasie. Freud und seine Nachfolger behaupteten, dass Träume einzig dem Unterbewusstsein entstammen, wodurch ihre Bedeutung allein auf der psychischen Ebene angesiedelt ist. Sie sind dann lediglich ein Produkt innerer Prozesse, die Wünsche, Ängste oder die unbewussten Bedürfnisse des Träumers widerspiegeln.

Eine Abkehr von dieser Position, die eine reale Begegnung mit Verstorbenen grundsätzlich nicht für möglich hält, setzte erst in den letzten zehn Jahren ein. Wenn Hinterbliebene in einer Trauertherapie oder Beratung ihre Nachtodkontakte schildern, ist das auch heute noch für manchen Psychologen eine große Herausforderung. Die Vorstellung von einem Verstorbenen als realer Person, als fortexistierendes geistiges Wesen ist mit dem wissenschaftlichen Weltbild so mancher Therapeuten nicht kompatibel.

Es stellt sich die Frage, warum solch bedeutsame Erlebnisse der Trauernden oft verschwiegen werden müssen, wenn die Hinterbliebenen die weltanschaulichen Barrieren des Therapeuten spüren. Starre Dogmen oder Ideologien darüber, wie etwas zu sein hat, helfen im Bereich der Trauertherapie niemandem weiter. Durch eine intensive Begegnung mit einem Verstorbenen im Traum wird so manche Trauer gelindert oder löst sich sogar einfach auf durch die neu gewonnene Überzeugung, dass der Verstorbene in einer anderen Wirklichkeit weiterlebt.

Die intensive, authentische Begegnung im Traum ist verbunden mit dem Bewusstsein der realen Präsenz der Verstorbenen.

125

Die Betroffenen werden tief berührt und das hält selbst nach dem Aufwachen als Glücksgefühl weiter an. In manchen dieser Träume verabschieden sich die Verstorbenen, um in eine höhere Ebene der geistigen Welt aufzusteigen. Eine Frau erlebte Folgendes:

»Er steht in einem Licht. Dann kniet er sich runter zu mir, sagt aber nichts. Ich bin so was von aufgeregt, dass es mir total die Stimme verschlägt. Ich habe also nichts sagen können, obwohl ich gerne etwas gesagt hätte. Er hält lange meine Hand, schaut mich ganz liebevoll an, und ich spüre diese Wärme, die zu mir rüberströmt. Er sieht ganz glücklich und zufrieden aus, als ginge es ihm richtig gut. Und ich spüre ganz intensiv seine Liebe. Er schaut mich einfach nur an. Ja und dann, dann ist es zu Ende. Es war so intensiv, als hätte er in diesem Moment Abschied genommen.«[41]

Vonseiten der psychologischen Wissenschaft werden Träume von Verstorbenen gerne als Wunscherfüllungshalluzinationen bezeichnet. Derartige Erklärungsmuster werden jedoch dadurch entkräftet, dass diese Träume auch zu einem Zeitpunkt auftreten, an dem der Erlebende gar nichts vom Tod des Angehörigen wusste. Dadurch wird die Wunscherfüllungshypothese als Erklärung für Nachtodkontakte im Traum hinfällig. Eine Frau erzählte folgende Begebenheit:

»Ich war zweiundzwanzig, als mein Opa starb. Zu der Zeit hatte ich gerade meine Fachabiturprüfung. Nachts im Schlaf hatte ich ein merkwürdiges Erlebnis. Ein Licht kam auf mich zu. In diesem Licht wurden die Umrisse meines Opas sichtbar. Er sagte: ›Ich gehe jetzt. Wir sehen uns wieder.‹ Dann erwachte ich und schaute auf die Uhr. Es war 5.30 Uhr. Mittags erhielt ich ein Telegramm. Mir wurde mitgeteilt, dass er genau zu diesem Zeitpunkt gestorben war.«[42]

Die Frau verstand den Traum so, dass ihr Großvater sich bei ihr verabschieden wollte. Es war besonders tröstlich für sie, dass sie seinen Übergang auf diese Weise erleben durfte.

Erlebnisse zwischen Wachen und Schlafen

Nachtodliche Träume werden sehr häufig in einem Zustand zwischen Wachen und Schlafen, also einer Art Halbschlaf, erlebt. Die Traumforschung bezeichnet das als Alphazustand, einen entspannten Bewusstseinszustand vor dem Einschlafen oder Aufwachen. Durch diese Art von Entspannung können Verstorbene leichter mit uns in Kontakt treten. Im Alphazustand wird die Umgebung halb bewusst wahrgenommen, doch der Trauernde ist gleichsam losgelöst davon.

Eine Frau berichtete mir, dass ihre Schwester kürzlich gestorben war. Die beiden waren seit vielen Jahren zerstritten und Elke bedauerte es, sich nicht mit der Schwester ausgesprochen zu haben. Einige Tage nach der Beerdigung von Karin erschien diese im Traum. Elke schreibt:

»An jenem Tag war ich ausgesprochen müde und ging frühzeitig ins Bett. Ich konnte nicht richtig einschlafen, noch war ich richtig wach. Das ist ein Zustand, in dem man alles hört, was um einen herum geschieht, wobei man sich gedanklich treiben lässt und nicht auf alles achtet. Plötzlich erschien mir meine Schwester. Karin war in ein helles Licht getaucht, und sie wirkte viele Jahre jünger. Ich sah, dass es ihr richtig gut geht.

Sie sprach mit mir und sagte: ›Ich bitte dich inständig, Elke, den alten Streit zwischen uns loszulassen. Ich vergebe dir alles und bitte darum, dass du auch mir verzeihen kannst. Mir geht es nun sehr gut. Sage allen, dass ich sie liebe.‹ Dann löste sich die Erscheinung auf und ich fiel in einen tiefen Schlaf. Als ich erwachte, war ich in Wärme und Liebe eingehüllt. Ich fühlte mich seit Langem nicht mehr so entspannt. Wir hatten endlich die Vergangenheit befriedet. Ich spürte noch tagelang Karins liebevolle Energie.«

Der Alphazustand ist eine Bewusstseinsebene, die auch durch Meditationsübungen, Hypnose sowie durch alle Arten von Entspannungstechniken erreicht werden kann. Manchen gelingt es auch durch intensives Beten. Tagträume oder Versunkensein in die Gedanken können ebenso in diese Entspannung führen, in der wir vom Alltag losgelöst sind. Das ermöglicht den Verstorbenen, in diesen Frieden einzuwirken durch ihre Präsenz und ihre spezifische Energie.

In Träumen treten alle Formen von Nachtodkontakten auf. Manche erleben intensive Berührungen oder Umarmungen, andere sehen die Verstorbenen und hören Stimmen oder vernehmen Botschaften. Alle Phänomene der Traumbegegnungen weisen den gemeinsamen Nenner auf, dass die Verstorbenen aussehen, wie in der besten Zeit ihres Lebens. Der individuelle unterscheidbare Wesenskern eines Erden-Ichs bleibt unverkennbar erhalten, da es keine Auslöschung des Bewusstseins gibt. Das Leben ist ein Kontinuum und ewig. Die irdische Existenz ist innerhalb des ewigen Zyklus nur eine vorübergehende Entwicklungsstufe.

Wir sind nicht der Körper, sondern ewige geistige Wesen in einem begrenzten Körper. Wir sind weder Leid noch Krankheit, noch sind wir unsere Ängste und Sorgen. Der Tod ist wohl die größte Illusion des Menschen: Es gibt weder Auslöschung, noch steht hinter dem Vorhang zwischen dieser und der anderen Welt ein Nichts. Der Tod ist nur ein Übergang, ein Wandel der Form in einen höheren Bewusstseinszustand der Liebe.

Ausgesprochen viele Menschen erleben Wiederbegegnungen mit Verstorbenen im Traum. Wenn wir all die unterschiedlichen Berichte miteinander vergleichen, wird deutlich, dass die

128

Verstorbenen uns immer wieder darauf hinweisen, dass es ihnen gut geht und alle körperlichen Beschwerden, welcher Art auch immer, aufgelöst sind. Das Motiv des Ganz- und Heilseins zieht sich durch die Berichte aller Zeiten. Die Nahtoderfahrungen bestätigen diese Befunde und auch hier werden die Verstorbenen in der Blüte ihrer Jahre wahrgenommen. Die geistige Fortexistenz ist ein Sein jenseits der körperlichen Form. Insofern sind Erscheinungen von Verstorbenen Bilder und Projektionen, damit wir sie individuell erkennen können. Deswegen begegnen die Verstorbenen uns in der Form, wie wir sie zu Lebzeiten gekannt haben. Als multidimensionale Wesen können sie jede Form annehmen. Daraus erklärt sich auch der Umstand, dass sie sich manchmal sogar für einen kurzen Augenblick manifestieren können.

Corinna erlebte im Traum eine Wiederbegegnung mit ihrer Schwiegermutter:

»Ich ging spazieren, als meine Schwiegermutter plötzlich vor mir stand, mit langem schwarzem Haar, wie in der besten Zeit ihres Lebens. Ich war völlig überrascht, dass sie keine Spuren ihrer Krebserkrankung mehr aufwies. Ich ging auf sie zu und wollte sie umarmen. Sie wies mich zurück und sagte: ›Du kannst mich nicht anfassen, ich bin nur eine Projektion.‹ Ich war völlig verwirrt, da ich bis dahin Nachtodkontakte nicht für möglich gehalten hatte. Jetzt wusste ich, dass es ihr gut geht und dass sie weiterlebt.«

In einem anderen Fall wird ein Traum zum geistigen Wendepunkt des Lebens von Marlies.

»Ich betreute ein Pflegekind mit einem angeborenen Herzfehler, welches mit neun Monaten bei einer Operation verstarb. Ich war sehr traurig und blockiert, bis der Junge mir eines Nachts im Traum erschien. John hatte eine strahlende und lichtvolle Ausstrahlung und sah aus wie mit zwei Jahren. Er tobte munter vor sich hin. Zu meiner großen Überraschung fragte er mich: ›Warum hast du mich verlassen?‹ Ich war völlig verwirrt und wusste nicht, was er meinte. Ich ahnte damals nicht, dass John immer um mich ist. Er wollte mich darauf hinweisen, dass er weiterlebt. Dieses Erlebnis bewirkte, dass ich begann, mich intensiv mit Sterbeforschung zu beschäftigen. Ich erkannte, dass ich eine gute Sterbebegleiterin bin, und habe das zu meinem Beruf gemacht. Meine Begegnung mit John in jenem Traum hat mich auf den Weg gebracht, und ich bin ihm noch heute dafür dankbar.«

Grenzüberschreitungen und Transzendenz

Tiefere Kontakte mit einem Verstorbenen und Einblicke in die Jenseitswelt hängen mit außerkörperlichen Erfahrungen innerhalb des Traumgeschehens zusammen. Viele Menschen sehen völlig fremde Umgebungen, Landschaften, Lichtstädte oder Farben. Durch das Verlassen des Körpers erweitert sich das Bewusstsein dergestalt, dass nun die übersinnliche Wirklichkeit wahrgenommen wird. Mitunter wird auch von längeren Reisen in die andere Welt berichtet. Ein junger Mann erzählte mir:

»Meine Freundin Monika starb bei einem schweren Autounfall. Ich fühlte mich unsäglich verlassen und einsam. Einige Wochen später hatte ich ein sonderbares Erlebnis. Ich befand mich plötzlich an der Schlafzimmerdecke und war dann plötzlich auf einer Wiese, die von innen erleuchtet war. Dort sah ich meine Freundin, als hätte sie auf mich gewartet. Wir schwebten gemeinsam über die Dächer unserer Stadt. Sie sagte, dass es ihr sehr gut gehe und dass ich mein Leben in die Hand nehmen soll. Sie würde mich immer unterstützen. Dann kamen wir auf ein Licht zu, in welchem Monika verschwand. Im gleichen Augenblick kam ich in meinem Körper wieder zu mir. Ich war hellwach und fühlte mich so glücklich wie lange nicht.«

Da Bewusstsein unabhängig vom Körper existiert, sind im außerkörperlichen Zustand alle irdischen Begrenzungen aufgehoben. Raum und Zeit existieren nicht länger. In ihrem Kern werden die Begegnungen mit Verstorbenen im Traum und der Jenseitswelt genauso beschrieben wie in den Nahtoderfahrungen. Auffällig ist besonders die sich wiederholende Beschreibung des Lichtes, das alles Sein durchdringt.

»Ich befand mich auf einer Wiese mit meinem Sohn Michael, der als Fünfjähriger gestorben war. Das Gras leuchtete in einer Art und Weise, wie ich das noch nie vorher gesehen habe. Michael und alle anderen Wesen waren in dieses Licht eingehüllt. Es strahlte Weisheit, Liebe und Frieden aus, als wäre es ein Teil von mir. Ich wusste, dass Michael von allem Leiden befreit ist in dieser Welt der Liebe und des Lichtes.«

Diese Frau erlebte selbst mit, wie es ihrem verstorbenen Sohn geht und wo er lebt. Das ist eine eindeutige transzendente Vision.
Ein Mann berichtete, was er in der Nacht nach dem Tod seiner Mutter träumte:

»Aus dem Himmel kam ein Lichtstrahl, aus dem seine verstorbene Großmutter seine Mutter zu sich genommen habe. Sie ging in eine Landschaft hinein, die ihn an einen Frühlingstag erinnerte: mit Blumen, Vögeln, die sangen, Menschen, die ruhig umhergingen. Die Großmutter schlenderte mit der Mutter in diese Welt hinein. Herr B. sah also, wie seine vor langem verstorbene Großmutter seine gerade gestorbene Mutter zu sich in eine andere, jenseitige Welt mitnahm.«[43]

Psychologen deuten derartige Träume oft als Reaktion auf die Brutalität der Todeswirklichkeit und leugnen den Transzendenzbezug. Verstorbene zeigen ihren Angehörigen manchmal auch ihren derzeitigen Aufenthaltsort. In den Fällen heißt es beispielsweise: »Ich konnte eine schöne Landschaft sehen, die aus Licht zu sein schien.« – »Ich habe für einige Augenblicke den Himmel besucht.« – »Ich habe Farben gesehen, die ich gar nicht beschreiben kann, da sie mir völlig unbekannt sind.« – »Ich fühlte die Liebe des allumfassenden Lichtes.« Für viele Betroffene ist es wie ein Vorgeschmack auf das, was sie einst nach dem Tod erwartet.

Ob wir die Nahtoderfahrungen, die Nachtodkontakte, die Visionen der Sterbenden oder empathische Schwellenerlebnisse betrachten: Die Wahrnehmungen und Beschreibungen der Erlebenden sind identisch. Das zeigt in aller Deutlichkeit, dass ein Jenseits, dessen Mittelpunkt das allumfassende Licht ist, tatsächlich existiert.

Wenn wir sterben, erwachen wir in die Liebe, was sich in unzähligen Berichten über Visionen im Traumgeschehen sehr klar und eindeutig zeigt. Alle Gegensätzlichkeiten, alle Wertungen existieren nicht länger im Jenseits und deswegen müssen diese Dinge auf die eine oder andere Weise erlöst werden. Das zeigt sich darin, dass Verstorbene auch von der transzendenten Ebene des Seins ihre Hinterbliebenen um Vergebung bitten. Eine Frau schrieb mir:

»Drei Tage nach dem Begräbnis meines Vaters, zu dem ich eine sehr schlechte Beziehung hatte, da er mich in meiner Kindheit misshandelte, erschien er mir plötzlich im Traum. Er wirkte sehr ernst und betrübt. Dann bemerkte ich, dass ich mich außerhalb meines Körpers an der Decke befand. Ein Sog zog mich nach oben in eine Dunkelheit, wie in einen Tunnel. Da war ein Licht, wie ich es noch nie gesehen habe, und darin erblickte ich meinen Vater.

Wir befanden uns plötzlich in einer parkähnlichen Umgebung, die von hellem Licht durchflutet war und die unterschiedlichsten Farbschattierungen der Blumen und Gräser zum Leuchten brachte. Mein Vater sah sehr jung aus und seine Augen strahlten in dieser von Liebe durchtränkten Umgebung. ›Ich möchte dich um Vergebung bitten. Es tut mir alles so leid, was ich dir angetan habe, und ich könnte es verstehen, wenn du mir nicht verzeihen kannst. Aber jetzt bin ich immer für dich da. Ich weiß nun, dass nur Liebe wichtig ist.‹ Seine telepathische Kommunikation löste meine Wut und meinen Groll auf. Ich erwachte und fühlte mich von einer schweren Last befreit. Endlich konnte ich Frieden mit mir und meinem Vater schließen.«

Diese Frau erfuhr Heilung von ihrem Seelenschmerz durch die außerkörperliche Begegnung mit ihrem verstorbenen Vater. Sie erlebte die andere Welt als Ort der Liebe, Güte und Gnade. Begegnungen mit Verstorbenen im Traum tragen dazu bei, den inneren Frieden wiederherzustellen. Transzendenzerfahrungen in Träumen verändern die Perspektive der Trauernden, da Verlust oder Trennung danach in einem völlig neuen Licht erscheinen.

Symbolische Nachtodkontakte

Der Tod ist nicht das Ende familiärer und persönlicher Beziehungen. Durch den Trauerprozess erhält der Verstorbene einen Platz im Familiengefüge sowie in den seelischen Innenräumen der Hinterbliebenen. Die Verbindung zwischen den beiden Welten besteht einzig durch die Kraft der Liebe, die auch nach dem Tod nicht endet. Im Erinnerungsraum der Seele gibt es keine Vergangenheit und in diesem Raum kann der Verstorbene als lebendiges Wesen im Jetzt erfahren werden.

Was erlebt wurde, erleben wir noch einmal in der Gegenwart. In der Erinnerung ist uns der Verstorbene nah und die Liebe vertieft sich. Da Liebe unvergänglich und ewig ist, gibt es eine Vielfalt subtiler Zeichen, die auf die Präsenz eines Verstorbenen hinweisen. Derartige Kontakte sind kein Zufall, auch wenn der Verstand des Menschen dazu neigt, hinter den symbolischen Nachtodkontakten im Alltagsleben Zufälliges zu erblicken. Wenn uns beispielsweise das Lieblingslied eines Verstorbenen ständig begegnet, wo immer wir uns aufhalten mögen, ob im Autoradio, im Kaufhaus oder im Café, kann das sehr wohl ein Hinweis auf die Gegenwart eines Verstorbenen sein.

»Mein verstorbener Bruder liebte Rosen und verschenkte sie zu jeder Gelegenheit. Er war mein engster Vertrauter gewesen und fehlte mir sehr. Ich bat immer wieder um ein Zeichen von ihm. Damals ging ich sehr oft zum Friedhof. Eines Tages kam ich gerade vom Grab zurück, als ich sah, dass eine langstielige rote Rose unter den Scheibenwischer meines Wagens geklemmt war. Wie auch immer sie da hingekommen sein mag, für mich war es eindeutig ein Zeichen von meinem Bruder!«

Naturphänomene

Viele Betroffene erleben über die Natur die Verbundenheit mit einem geliebten Verstorbenen. Dieser ist mit der Natur, dem Himmel und der Erde eins geworden und besteht in ihr weiter. Naturphänomene verweisen nicht nur auf den Aufenthalt eines Verstorbenen, sondern ihr Auftreten ist eine Projektionsfläche für die geistige Welt. Über die Natur sind Verstorbene immer nahe, da sie überall erfahren werden kann. Aus der Begrenzung des Grabes wird die Gegenwart eines Verstorbenen auf die ganze Natur ausgeweitet, was als Allgegenwärtigkeit bezeichnet werden kann.

Wer das intensiv spürt, wird in bestimmten Naturereignissen – wie Sonnenuntergängen, dem Himmel, dem Licht der Sonne, sich verändernden besonderen Lichtverhältnissen oder dem überraschenden Anblick eines Regenbogens – die Gegenwart eines Verstorbenen deutlich wahrnehmen.

»Wenige Tage vor ihrem Unfalltod begann die fünfjährige Rosa damit, ständig Regenbögen zu zeichnen. Die Eltern konnten sich nicht erklären, was das Mädchen daran so faszinierte. Die Mutter verstand die Zeichnungen ihrer Tochter als Vorahnung ihres bevorstehenden Todes, aber auch als Zeichen ihrer Gegenwart.
Wie aus dem Nichts heraus nahm sie in den ersten Monaten nach dem Tod ihrer Tochter häufig Regenbögen wahr. Sie fühlte sich dadurch unendlich getröstet und spürte die Nähe Rosas, die sie mit Liebe einhüllte.«

Das ungewöhnliche Erscheinen eines Regenbogens gilt als zentrales Symbol der Hoffnung, wodurch wir erkennen, dass selbst an einem grauen Tag die Sonne hinter den dunklen Wolken scheint. Ein Regenbogen verbindet die sichtbare und unsichtbare Welt, das Diesseits mit dem Jenseits. Er ist eine Brücke, der die unterschiedlichen Sphären der Welt und des Universums in Einklang bringt.
Die Schönheit des Regenbogens ist außerordentlich tröstlich und symbolisiert, dass auch in den schweren Tagen nach dem Verlust eines geliebten Menschen das Licht des Ewigen hinter dem Schmerz verborgen liegt und dadurch Trost spendet. Eine Frau berichtete:

»Nach dem Suizid meines Sohnes war ich deprimiert und verzweifelt. Ich konnte nicht verstehen, warum er sich das Leben genommen hatte. Er fehlte mir so sehr. Als ich eines Tages vom Einkaufen nach Hause fuhr, sah ich plötzlich in den grauen

Wolken eine Art Kreis, in dem ich einen farbigen Regenbogen erkannte. Da sich mein Erlebnis im Dezember zutrug, war es sehr ungewöhnlich, einen Regenbogen zu sehen. Irgendwie wusste ich einfach: Mein Sohn versucht, mir Trost zu vermitteln. Ich bin mir sicher, dass der Regenbogen ein Zeichen von ihm war. Ich fühlte mich beruhigt und konnte das ewige Grübeln über das Warum beenden.«[44]

Millionen von Menschen erleben symbolische Nachtodkontakte, die in Form von Naturphänomenen, Regenbögen, Blumen oder Tieren und sehr häufig in Form von Schmetterlingen, auftreten. Bei einem symbolischen Kontakt sind es die Koinzidenz des Zeitpunktes, die Art und Weise des Erscheinens und das ungewöhnliche Naturphänomen, die synchron zusammenfallen. Es ist eine zutiefst subjektive Erfahrung, in der sich der Betroffene sicher ist, die Gegenwart eines Verstorbenen zu erleben.

Typische Naturphänomene sind, dass die Sonne an einem trüben Herbsttag bei der Beerdigung mit aller Macht hervorbricht oder es plötzlich zu regnen beginnt, obwohl vorher nicht die geringsten Anzeichen dafür da waren. Eine Frau berichtete mir:

»Am Tag der Beerdigung meines Mannes war der Himmel grau, und es regnete wie aus Eimern. Als sein Sarg in die Kirche getragen wurde, um auf dem Altar aufgebahrt zu werden, wurde die ganze Trauergemeinde von einem heftigen Windstoß erfasst. Alle Anwesenden waren sehr überrascht über diese starke Energiepräsenz. Als der Sarg am Altar niedergelassen wurde, brach auf einmal die Sonne mit Macht durch das Fenster und erleuchtete den gesamten Altarraum. Für mich waren diese Ereignisse deutliche Zeichen für die Gegenwart meines Mannes. Ich spürte seine starke Energie. Andere Teilnehmer haben das ebenso empfunden.«

136

Dazu ein weiteres Beispiel:

»Als mein Vater beerdigt wurde, erfasste ein sehr starker Windstoß die Prozession zu seinem Grab. Dabei fühlte ich die Nähe meines Vaters. Das Ereignis war sehr sonderbar, denn es gab keine natürliche Erklärung dafür, wo der Wind so plötzlich hergekommen war. Dann erinnerte ich mich an den Augenblick seines Todes. Als er gestorben war, war der Raum von einer derart kraftvollen Energie erfüllt, dass ich davon aus dem Zimmer gedrängt wurde. Heute weiß ich, dass mein Vater um mich ist.«

Wir erhalten viel öfter subtile symbolische Zeichen, als uns das auch nur ansatzweise bewusst ist. Viele bemerken die auftretenden Phänomene gar nicht oder können sie nicht mit einem Verstorbenen in Verbindung bringen. Wenn der Schmerz des Verlustes zu stark ist, können die Verstorbenen nur sehr schwer zu den Hinterbliebenen durchdringen. Dennoch sind sie in geistiger Form präsent. Was äußere körperliche Wirklichkeit war, wird zu einer inneren geistigen Realität. Der Verstorbene ist also nicht einfach verschwunden, sondern nur in seiner Daseinsform transzendiert.
Auch Tiere werden häufig zu Boten der Verstorbenen. Wie aus dem Nichts tauchen sie in symbolischen Nachtodkontakten auf: ein Hund, eine Katze oder Vögel. Vögel sind ein uraltes Symbol für die menschliche Seele.

»Eine Frau berichtete mir, die Nähe ihres verstorbenen Mannes durch das ständige Auftauchen von Amseln, ob auf dem Friedhof oder in ihrem Garten, zu spüren. Sie hörte den Vögeln aufmerksam zu, wie sie das nie zuvor getan hatte, und sah sie als stellvertretenden Boten ihres Mannes. Noch nie habe Vogelgesang sie so tief berührt, noch hätten Vögel sie vorher in irgendeiner Weise interessiert.«

137

Außerordentlich häufig werden Erlebnisse mit Schmetterlingen berichtet. Schmetterlinge sind ein Symbol für Auferstehung und das Leben nach dem Tod. Ein Schmetterling wird assoziiert mit dem Übergang der Seele, die im Moment des Todes aus dem Körper austritt: Die Raupe wird zum Schmetterling, dem Symbol für die Präsenz eines Verstorbenen. Er steht auch für die Hoffnung der Trauernden, dass der Verstorbene seinen Übergang in die geistige Welt vollzogen hat.

Ein Mann schrieb mir:

»Sieben Tage vor dem Tod meiner Frau saß ich an ihrem Krankenbett. Das Fenster war leicht geöffnet und plötzlich flatterte ein Schmetterling in den Raum. Er kreiste über ihrem Kopf, flog aus dem Fenster und kam zurück. Das Schauspiel wiederholte sich mehrere Male.
Zwei Monate nach ihrem Tod war ich auf dem Friedhof um das Grab zu pflegen, als dasselbe noch einmal geschah, was ich an ihrem Bett erlebt hatte. Plötzlich erschien ein Schmetterling, umkreiste ihr Grab und verschwand wieder. Dann begann das Ganze von vorn. Ich spürte sehr deutlich die Gegenwart meiner Frau.«

Ein anderer Mann schrieb mir:

»Bei der Beerdigung meines Sohnes flog während der Messe ein Pfauenauge im einströmenden Sonnenlicht in der Kapelle. Da wusste ich, dass mein Sohn mir ganz nahe ist. Nach seiner Beerdigung bemerkte ich immer wieder wunderschöne, außergewöhnlich große Schmetterlinge auf seinem Grab. Es war, als wäre er da. Die Schmetterlinge sind für mich Boten aus seiner Welt.«

Eine Frau erzählte:

»Ein Jahr nach dem Tod meines Schwiegervaters traf sich die ganze Familie zu seinem Gedenken in einem Ferienhotel. Am Nachmittag ruhten wir uns alle etwas aus. Als wir Kaffee trinken wollten, war die ganze Hotelanlage mit Hunderten von Schmetterlingen überzogen. Das war für uns alle so, als hätte sich der Himmel geöffnet, und löste ein absolutes Gefühl der Transzendenz aus. Wir wussten alle, dass die vielen Schmetterlinge ein Zeichen der Gegenwart meines Schwiegervaters waren. Sie verschwanden genauso plötzlich, wie sie gekommen waren.«

Synchronizität

Der Zusammenfall von zwei oder mehreren unerwarteten Ereignissen wird von der Forschung als Synchronizität bezeichnet. Ein deutscher Ausdruck dafür wäre Fügung. Der Erlebende wird von einem Geschehen intuitiv berührt und deutet das Ereignis als wunderbares Zeichen. Das sind sehr bedeutungsvolle Momente in unserem Leben, wenn sich der Schleier unserer Wirklichkeit aufhebt und uns auf die Gegenwart eines Verstorbenen hinweist. Eine Frau berichtete:

»Nach dem plötzlichen Herztod ihres Mannes zog sich Klarissa von ihren Freunden zurück. Sie war in ihrem Schmerz gefangen und stand an der Schwelle einer schweren Depression. Eines Abends machte sie einen Spaziergang an einem nahe gelegenen Waldrand. Dabei dachte sie ständig an ihren Mann, als sie plötzlich einen funkelnden Stern erblickte, der direkt, so erschien es ihr, in ihr Herz eindrang. Eine nie gekannte Liebe und Wärme durchströmte sie. Sie empfand die tröstliche Gewissheit der Gegenwart ihres Mannes.«

Die Frau war genau zu diesem Zeitpunkt offen für eine derartige Erfahrung. Sie dachte an ihren Mann, befand sich in der Natur und fühlte sich von dem Stern angezogen und getröstet. Dadurch wurde sie mit einer anderen Ordnung, die hinter unserer Alltagswelt angesiedelt ist, konfrontiert. Ein Mann schrieb mir:

»Ich war untröstlich nach dem frühen Tod meiner Partnerin. Auf ihrem Grabstein stand: ›Ich bin bei euch alle Tage eures Lebens.‹ Ich war mir überhaupt nicht sicher, ob das auch Patrizia betrifft, zweifelte sehr und wünschte mir nichts mehr als ein Zeichen von ihr.
Eines Nachmittags räumte ich den Schreibtisch meiner Frau aus, als mir eine alte Grußkarte von ihr in die Hände fiel. Darauf stand in goldenen Lettern: ›Ich bin bei euch alle Tage eures Lebens!‹ Ich brach in Tränen aus und zum ersten Mal spürte ich Patrizias Präsenz. Sie vermittelte mir telepathisch, dass sie immer bei mir ist und ich mein Leben neu ordnen soll.«

In den tieferen Schichten unserer Seele, in unserer Innenwelt, berühren sich jenseits des Verstandes die diesseitige und jenseitige Welt. Wer den intuitiven Impulsen der Seele lauscht, kann die Erfahrung des Geführtwerdens im Alltagsalphabet unseres Lebens machen. Dann gibt es keine Zweifel und die Synchronizitäten werden zu einer ganz persönlichen Offenbarung.
Die Verstorbenen sind uns so viel näher, als wir das annehmen. Im Augenblick einer solchen Erfahrung taucht eine Erinnerung auf, die sich im Jetzt durch die Präsenz des Verstorbenen erschließt. Das sind Geschenke, die uns gegeben werden, um uns daran zu erinnern, dass wir von der Welt der Verstorbenen nie wirklich getrennt sind. Eine Frau berichtete:

»Meine Tochter zeichnete in ihrem kurzen Leben am liebsten mit einem Bleistift. Sie litt an einer unheilbaren Muskelschwä-

140

che und wurde nur sechs Jahre alt. Ich konnte ihren Tod einfach nicht akzeptieren und bat immer wieder um ein Zeichen. Eines Abends war ich mit meiner Freundin in einem Restaurant verabredet. Als ich nach Hause fahren wollte, fiel mein Blick auf den Straßenrand. Dort fand ich einen Bleistift, den ich aufhob und auf dem stand: ›Mir geht es gut!‹ Ich brachte dem Bleistift unmittelbar mit meiner Tochter in Verbindung und spürte ihre Nähe. Tränen der Erleichterung liefen über meine Wangen. Ich hatte nicht den geringsten Zweifel, dass es sich um eine Botschaft meiner Tochter handelte.«

Wer trauert und die Frage stellt nach dem, was hinter der Grenze des Todes verborgen liegt, stößt auf die Anwesenheit der geistigen Welt. Wer das erlebt, wird über die Begrenzungen des Irdischen hinausblicken können. Die Symbolik der Natur verweist bereits auf das Vorhandensein der anderen Welt, auf einen Ort oder ein Sein, in dem die Verstorbenen jenseits ihrer körperlichen Form weiterleben, einem Sein, in dem sie liebevoll geborgen sind.

Nichts trennt uns von der allumfassenden Liebe und der Freude und Glückseligkeit der Ewigkeit des Friedens. Dieses Licht, von dem wir immer wieder hören und lesen, verbindet uns im Jetzt mit den Verstorbenen. In diesem großen Ganzen sind sie ebenso präsent wie auch wir schon während unseres Erdenlebens, wenn es uns denn bewusst wäre. Der Tod ist nur ein Wandel der Form.

Elektrizität

Begegnungen mit Verstorbenen treten besonders häufig in Form von elektrischen Phänomenen auf. Die Häufigkeit derartiger Erlebnisse lässt den Schluss zu, dass Elektrizität den energetischen Schwingungen der Verstorbenen entspricht. Geistwesen sind reine Energie und deswegen machen sie sich in besonderer Weise durch physikalische Einwirkungen auf ihre Gegenwart aufmerksam.

Die Bandbreite der auftretenden Phänomene umfasst Lichter, die an- und ausgehen, wodurch Verstorbene auf die Gedanken der Angehörigen reagieren, Computer führen ein Eigenleben oder drucken seltsame Botschaften aus ohne erkennbare äußere Einwirkung, elektrische Geräte, wie Kaffeemaschinen, Stereoanlagen oder Fernseher stellen sich wie von Geisterhand an und aus. Es kann zu telefonischen Kontakten kommen, die Stimme eines Verstorbenen wird auf einem Anrufbeantworter vernommen. Eine Frau berichtete über ein typisches Lichtphänomen:

»Mein Sohn Thomas starb mit vierzehn Jahren infolge einer Hirnhautentzündung. Die ganze Familie befand sich in einem Schockzustand. Eines Abends flackerte plötzlich die Schreibtischlampe, und ich spürte die Gegenwart von Thomas. Ich sprach ihn an und wir kommunizierten über die Lampe. Als ich ihn fragte, ob er anwesend sei, war der ganze Raum im selben Moment erleuchtet. Er beantwortete mir die dringlichsten Fragen, und danach wusste ich, dass es Thomas gut geht und er sich wohlfühlt, wo er ist.«

Sehr häufig wird nach dem Tod eines Angehörigen berichtet, dass Glühbirnen durchbrennen. In diesen Fällen ist das Phänomen auf die elektromagnetische Gegenwart eines Verstorbenen zurückzuführen. Linda berichtete:

»Meine Mutter war nach einer Operation völlig unerwartet verstorben. Die ganze Familie befand sich in einem Ausnahmezustand. Wir konnten es einfach nicht fassen. Als wir kurz darauf zu Hause waren, kam mir meine Tochter entgegen und bat um eine Glühbirne. Kein Problem, doch innerhalb der

142

nächsten zwei Stunden brannten in ihrem Zimmer sechs weitere Birnen durch! Da wurde mir bewusst, dass meine Mutter dieses seltsame Phänomen hervorrief. Ich fühlte ihre Liebe und Anwesenheit. Das half mir dabei, ihren Tod zu akzeptieren.«

In einem ähnlichen Beispiel erlebte eine Frau folgende Begebenheit:

»Nach dem Unfalltod meines zwanzigjährigen Sohnes Andi brannten in der Woche nach seiner Beerdigung sämtliche Glühbirnen in meiner Wohnung durch. Nach drei Tagen hatte ich fünfzehn Birnen ausgewechselt, wobei normalerweise eine pro Jahr fällig ist. Da wurde mir plötzlich bewusst, dass Andi diese Lichtphänomene verursacht. Ich bat ihn inständig, diese Spiele zu unterlassen. Danach konnte ich seine Gegenwart annehmen, die ich bis heute immer wieder spüre.«

Im heutigen digitalen Zeitalter wird berichtet, dass sich Verstorbene über den Computer mitgeteilt haben. Es gibt für die Herkunft der Botschaften keine natürliche Erklärung. Eine Frau berichtete:

»Nach dem Tod unsere Tochter waren wir alle wie versteinert. Ich hoffte und betete um ein Zeichen. An ihrem Geburtstag wollte ich ein gemeinsames Familienfoto aus dem Computer ausdrucken. Plötzlich begann der Computer, von selbst ein Foto auszudrucken. Zu meiner Überraschung warf er ein großes Einzelfoto meiner Tochter aus, das Teil des gemeinsamen Familienfotos war. Auf dem Gesamtbild hatte sie einen sehr ernsten Gesichtsausdruck, doch nun lächelte sie sanft, als wolle sie mir sagen, dass ich mir keine Sorgen machen soll. Das war das größte Geschenk, das ich mir vorstellen konnte. Ich bin sehr dankbar dafür, auch wenn ich mir den Vorfall nicht erklären kann.«

Telefonische Kontakte

Die Verstorbenen bedienen sich zunehmend des technischen Fortschrittes unserer Zeit, was sich vor allem in den häufigen telefonischen Kontaktaufnahmen zeigt, wie auch über Handys. Die meist verzerrt wirkende Stimme eines Verstorbenen zu hören, als ob er von ganz weit weg anruft, oder die SMS eines Verstorbenen zu erhalten mag für manche Menschen sonderbar klingen oder auch Angst auslösen. Dennoch sind derartige Berichte gut dokumentiert. Telefonanrufe im Traum haben häufig damit zu tun, dass Verstorbene Unerledigtes zum Abschluss bringen wollen. Ein Mann erzählte mir:

»Wenige Wochen nach dem Tod meiner Frau saß ich im Traum in meinem Wohnzimmer, als plötzlich das Telefon läutete. Ich hob den Hörer ab und vernahm die Stimme meiner Frau. Sie teilte mir mit, dass es ihr sehr leid tue, dass wir uns nie wirklich ausgesprochen hätten. Ihr Tod sei so plötzlich gekommen, dass sie nicht mehr sagen konnte, wie sehr sie mich geliebt habe. Sie versicherte mir, dass sie immer bei mir sei, wenn ich sie brauche. Dann verstummte sie und im selben Augenblick erwachte ich. Das Erleben war derartig real, dass mir die Tränen aus den Augen liefen. Ich danke dem Himmel für dieses Erlebnis.«

Die meisten telefonischen Kontakte werden im Wachzustand erlebt und häufig auch im Beisein mehrerer Personen. Eine Frau berichtete:

»Einige Tage nach der Beisetzung meines Mannes war ich mit meinen beiden Kindern in der Küche, als mein Handy klingelte. Ich nahm das Gespräch entgegen und vernahm völlig unerwartet die Stimme meines Mannes. Ich war so erschrocken, dass ich das Handy meinem ältesten Sohn in die Hand drückte. Ich spürte sofort, dass er um seine Fassung rang. Das Telefonat dauerte vielleicht eine Minute, als er auflegte. Mit tränenerstickter Stimme sagte mein Sohn: ›Das war Papa! Er sagte, dass es ihm gut gehe und dass er immer bei uns sei.‹ Wir fühlten uns alle sehr getröstet.«

Nun folgt ein weiteres Beispiel für einen telefonischen Kontakt, für den es keine rationale Erklärung gibt:

»Es passierte über drei Jahre nach Ashleys Tod. Ich hatte schlimme gesundheitliche Probleme. Man hatte bei mir eine Lungenkrankheit diagnostiziert. Eines Abends hatte ich gerade Spaghetti aufgesetzt, da klingelte das Telefon. Ich nahm ab und hörte eine junge Stimme ›Mami‹ sagen. Ich dachte, wer spielt mir da so einen grausamen Streich? Deshalb fragte ich: ›Wer ist da, bitte?‹ Sie sagte: ›Hier ist Ashley. Was machst du gerade, Mami?‹ Ich sagte: ›Ashley? Ich koche.‹ Und sie sagte: ›Du kochst mein Lieblingsessen. Du machst Spaghetti!‹ Es war Ashleys Stimme – sie klang stark und gesund – und niemand konnte ihre Stimme nachahmen. In diesem Moment dachte ich, ich sei verrückt geworden, aber niemand konnte wissen, was ich zum Abendessen kochen wollte, weil ich mich selbst gerade erst dafür entschieden hatte. Dann fragte ich sie: ›Ashley, geht es dir gut?‹ Und sie sagte: ›Mami, mir geht es gut. Ich rufe nur an, um dir zu sagen, dass es dir auch wieder gut gehen wird.‹ Dann war das Telefon tot.«[45]

Das ist auch ein gutes Beispiel dafür, dass Verstorbene einen größeren Einblick in unser Leben haben als wir selbst. Die Frau wurde ein halbes Jahr später operiert und danach ging es ihr wieder gut, wie es ihre Tochter vorausgesagt hatte.

145

Abschließend ein Beispiel für eine nachtodliche SMS:

»Hannes verlor seine Freundin durch einen Verkehrsunfall. Er war so verzweifelt, dass er nicht mehr leben wollte. In dieser schwierigsten Phase seines Lebens erhielt er zu seinem größten Erstaunen eine SMS von ihr. Darin stand: ›Deine Zeit ist noch nicht gekommen. Ich bin an deiner Seite. Anke.‹ Hannes war so verblüfft über diese unerwartete Nachricht, dass er nach einer Erklärung suchte. Eine Nachfrage bei seiner Telefongesellschaft ergab, dass die SMS keinen erklärbaren Ursprung hat. Nach diesem Erlebnis spürte er häufiger Ankes Gegenwart, was ihm den Mut gab, sich seinem Leben neu zuzuwenden.«

Physikalische Phänomene

Innerhalb der besprochenen physikalischen Phänomene wird häufig berichtet, dass elektrisch betriebene Geräte, selbst ohne Batterie oder Netzstecker, Träger der Energie Verstorbener sein können. Eine Frau erzählte:

»Mein Mann war mit nur dreißig Jahren durch einen Betriebsunfall ums Leben gekommen. Ich konnte einfach nicht akzeptieren, dass er so früh sterben musste. Wenige Tage nach seiner Beisetzung begann plötzlich seine Armbanduhr zu laufen, obwohl ich die Batterie herausgenommen hatte. Ich fühlte seine Gegenwart, Liebe und Wärme durchströmten mich.«

Verstorbene versuchen immer wieder, unsere Aufmerksamkeit auf ihre Präsenz zu lenken. Sehr häufig wird von dem Phänomen berichtet, dass Uhren im Augenblick des Todes stehen bleiben. Derartige Geschichten sind weit verbreitet und wurden auch in den beiden Weltkriegen immer wieder bezeugt. Sie

146

haben eine sehr starke emotionale Kraft und vermitteln Hoffnung und Trost.

»Meine Mutter hatte mit meiner Oma verabredet, ihr ein Zeichen der Weiterexistenz zu geben. Nach der Beerdigung von Oma traf sich die gesamte Verwandtschaft, um gemeinsame Erinnerungen auszutauschen. Dann bemerkte ich, wie meine Mutter plötzlich erblasste. Sie starrte auf die Wanduhr im Wohnzimmer und wir alle bemerkten: Die Uhr war stehen geblieben zum exakten Todeszeitpunkt meiner Oma! Das war das verabredete Zeichen.«

In einem anderen Fall kehrte eine Frau, deren Mann soeben verstorben war, nach Hause zurück und stellte ebenfalls fest, dass die Wanduhr im Wohnzimmer zum Zeitpunkt seines Todes stehen geblieben war. Sie versuchte später, die Uhr reparieren zu lassen, jedoch ohne Erfolg. Am fünften Todestag ihres Mannes ereignete sich Folgendes:

»Meine Oma bat mich, mit ihr zu beten. Ich hielt das eigentlich für ziemlichen Quatsch, weil ich schon so oft gebetet und noch nie eine Antwort bekommen hatte, aber natürlich tat ich ihr den Gefallen. Nach einigen Minuten ging Omi zu der Wanduhr hin – ich weiß nicht, warum – und stieß das Pendel an. Ich traute meinen Augen kaum, als es anfing zu schwingen und die Uhrzeiger sich in Bewegung setzten. Das ist jetzt über zwanzig Jahre her. Heute hängt die Uhr in meinem Wohnzimmer. Und sie funktioniert noch immer tadellos.«[46]

In den Nachtodkontakten sprechen wir von physikalischen Phänomenen, wenn Gegenstände hin und her bewegt werden oder unerwartet verschwinden, um dann wieder aufzutauchen. Angehörige erkennen diese Zeichen als Anwesenheit oder deuten sie symbolisch. Verstorbene können ihre Energie auf Gegenstände, Schmuckstücke, Kleidung oder Bilder richten, um die Trauernden emotional zu unterstützen. Ein Mann berichtete mir:

»Mein Sohn hat sich kürzlich das Leben genommen. Das war der Schlussstrich einer langwierigen psychischen Erkrankung. Ich war sehr traurig, konnte aber seinen Suizid verstehen. Nach seinem Tod ging ich oft in seine kleine Wohnung, da ich mich dort ihm besonders nahe fühlte. Eines Tages saß ich in seinem Sessel und betrachtete die Bilder, die er leidenschaftlich gesammelt hatte. Eins davon war eine künstlerische Darstellung seines Sternkreiszeichens. Wieder einmal betrachtete ich fasziniert dieses Bild, als es sich vor meinen Augen von der Wand löste und direkt in meinem Schoß landete. Das war für mich ein deutliches Zeichen seiner Gegenwart, obwohl ich mir nicht erklären kann, wie so etwas möglich ist.«

Selbst schwere Gegenstände werden verrückt oder von der Wand genommen, ohne dass der Nagel, an dem beispielsweise ein schwerer Spiegel befestigt war, beschädigt wird. Derartige seltsame Geschehnisse sind mit dem Verstand kaum zu erfassen. Ein junger Mann erzählte mir in einem Seminar die folgende schon fast kuriose Episode, die stellvertretend für viele andere Berichte dieser Art steht.

»Nach dem Tod meiner Mutter befand ich mich im Flur unseres Hauses und wollte eigentlich anfangen, die Wohnung auszuräumen. Im Flur hing ein sehr großer, langer und schwerer Spiegel, der eingerahmt war. Meine Mutter liebte ihn sehr und stand oft lange Zeit davor. Plötzlich gab es einen lauten Krach, und der schwere Spiegel stürzte von der Wand. Er flog über die darunter stehende Kommode und landete unbeschadet auf dem Teppichläufer. In diesem Moment des Schreckens wusste ich, das kann nur meine Mutter gewesen sein; sie ist hier. Ob-

148

wohl ich zitterte, hob ich den Spiegel auf und stellte zu meinem großen Erstaunen fest, dass der Draht auf der Rückseite intakt war. Der Nagel, an dem der Spiegel gehangen hatte, steckte noch in der Wand und war sogar fest verdübelt. Ich fand keine andere logische Erklärung für das Geschehene, als dass meine Mutter versucht hatte, mit mir in Verbindung zu treten.«[47]

Die Qualität der Aussagen über physikalische Phänomene und deren Häufigkeit sind weder Zufälle noch Produkte einer überaktiven Fantasie, sondern sind als authentische Nachtodkontakte zu werten. Sie werden stets im Wachzustand erlebt. Verstorbene benutzen auch Gegenstände, die noch ihre Energie in sich tragen, um ein Zeichen ihrer Anwesenheit zu geben. Dabei kann es sich um Ringe, Kugelschreiber, Steine oder persönliche Gegenstände handeln. Abschließend seien zwei derartige Fälle zitiert, in denen Ringe verschwinden und auf mysteriöse Weise wieder auftauchen.

»Im Jahr 2002 verlor ich die beiden Lieblingsringe, die mir mein Mann geschenkt hatte. Ich weiß noch, dass ich sie an jenem Tag getragen hatte, sie jedoch nicht in den Safe legen wollte. Ich legte sie an einen sicheren Ort und fand sie danach nicht wieder. Immer wieder schimpfte ich mit meinem Mann, er solle mir die Ringe wiedergeben.
Zwei Jahre später (!) wollte ich mir die Haare färben. Ich nahm die Packung aus dem Schrank und bereitete die Färbung vor, als ich plötzlich die beiden vermissten Ringe unten in der Packung wiederfand. Da kann ich sie niemals hingetan haben! Bei mir sind in den letzten Jahren immer wieder Dinge verschwunden, die plötzlich irgendwo wieder aufgetaucht sind. Ich glaube, dass mein verstorbener Mann die Ursache für all diese Phänomene ist. Er ist halt ständig bei mir, und das hat eindeutig mit seiner Art von Humor zu tun.«

Ingeborg berichtete mir einen ähnlich seltsamen Fall in Bezug auf ein vermisstes Schmuckstück, das nach dem Tod ihres Mannes überraschend und unerklärbar wieder auftauchte:

»Als mein Mann noch lebte, ging ich mit meiner Tochter in die Stadt, um Schmuck reparieren zu lassen. Die Verkäuferin sah, dass mein Ehering viel zu eng um meinen Finger saß, und knipste ihn ab. Der kaputte Ring sollte repariert werden. Leider vergaß ich, den Ring wieder abzuholen. Dann wurde das Geschäft für immer geschlossen, was mich sehr traurig machte, da ich nun den Ehering nicht mehr wiederbekommen konnte. In der Zwischenzeit war mein Mann gestorben.
Doch stellen Sie sich vor: Eines Tages schaue ich in mein Schmuckkästchen, und da schaut mich der kaputte, auseinandergeknipste Ehering an! Das hätte ich meinem Mann nie zugetraut.«[48]

Schutz und Warnung

Jeder Mensch wird sich früher oder später mit dem Verlust eines geliebten Angehörigen auseinandersetzen müssen. Der Tod gehört zum Leben, und wir werden den Tod der Eltern, eines Kindes oder eines guten Freundes zu akzeptieren haben. Das gehört einfach zu unserem Leben. Die Verstorbenen versuchen, uns in den schwierigen Zeiten der Trauer zu unterstützen, und setzen Zeichen von Liebe und Anteilnahme durch ihre Gegenwart.
Es gibt viele Berichte darüber, dass sie in schweren Situationen an unserer Seite sind und vor allem, wenn wir uns in unmittelbarer Gefahr befinden, selbst wenn wir das nicht bemerken. Die Verstorbenen haben einen größeren Einblick in unser Leben und können dadurch Notlagen erkennen, die wir noch gar nicht ahnen. In diesem Zusammenhang ist es wichtig, darauf

150

hinzuweisen, dass derartige Eingriffe nur dann erfolgen können, wenn die Zeit zu sterben noch nicht gekommen ist. Verstorbene haben nicht die Möglichkeit, in unser Schicksal einzugreifen. Wenn es jemandem bestimmt ist zu sterben, wird es niemals eine Einmischung seitens der geistigen Welt geben.

In plötzlichen Gefahrensituationen kann es vorkommen, dass von der anderen Seite direkt in das Geschehen eingegriffen wird. Eine Frau berichtete mir:

»Ich fuhr auf der Autobahn nach Hause. Es herrschte ein zäher Stop-and-go-Verkehr, sodass ich meinen Gedanken nachhing und den Stau nicht weiter beachtete. Ich hielt das Lenkrad nur mit einem Finger. Plötzlich hörte ich die Stimme meines Vaters in meinem Kopf. Er sagte streng und bestimmend: ›Setz dich gerade hin! Fass das Lenkrad mit beiden Händen an! Leg den Sicherheitsgurt fest an, da du gleich eine Reifenpanne haben wirst.‹ Ich vernahm seine Stimme klar und deutlich und deswegen schoss ich von meinem Sitz hoch, schnallte mich an und packte das Lenkrad mit beiden Händen. Nach einem knappen Kilometer explodierte der Reifen. Ich konnte das Auto sicher an den Straßenrand lenken, weil ich durch die Warnung meines verstorbenen Vaters darauf vorbereitet war.«

Der Eingriff ereignete sich in dem Moment, als die Frau die Hilfe am dringlichsten benötigte. Das Leben ist ein kostbares Geschenk und hat einen tieferen Sinn. Dazu gehören auch die schwierigen Zeiten im Leben, von denen wir glauben, dass sie nie zu Ende gehen werden. Manchmal brauchen wir nur einen kleinen Anstoß, um die Sichtweise auf unsere Probleme verändern zu können. Wenn das gelingt, finden wir wieder Zugang zum Fluss unseres Lebens.

Alle Nachtodkontakte sind inspiriert von der anhaltenden Liebe und Fürsorge der Verstorbenen. Ohne ihre Hilfe wäre so mancher durch einen Unfall oder das Nichterkennen einer Gefahr ums Leben gekommen. Im folgenden Beispiel erhält Jane genaue Instruktionen von ihrem verstorbenen Mann:

»Es passierte ungefähr acht Jahre nach dem Tod meines Mannes. Unser Sohn Wally wurde sehr krank. Er war in ärztlicher Behandlung, aber es ging ihm nicht besser. Da wachte ich mitten in der Nacht auf und spürte die Gegenwart meines Mannes vor meinem Bett. Er sagte mir telepathisch: ›Bring Wally zu einem Zahnarzt, sonst wird er sterben.‹ Als er merkte, dass ich die Botschaft verstanden hatte, ging er wieder. Am nächsten Tag rief ich einen Zahnarzt an, der Wally untersuchte. Er stellte eine Systemerkrankung fest, weil ein paar von Wallys Zähnen bei einem Unfall verletzt worden waren. Nachdem mein Sohn die entsprechende Behandlung bekommen hatte, wurde er wieder gesund.«[49]

Das ist ein gutes Beispiel dafür, dass Verstorbene über einen tieferen Einblick und ein höheres Wissen verfügen. In diesem Fall konnte selbst der Hausarzt die Ursache der Erkrankung Wallys nicht erkennen. Für Verstorbene sind Raum und Zeit aufgehoben, sie befinden sich in der Allgegenwart des Seins. Deswegen können sie den Angehörigen Informationen vermitteln, die diese vorher nicht gewusst haben, und setzt die verstandesmäßige Logik außer Kraft.

Erdgebundene Seelen

Nachtodkontakte werden in der Regel als äußerst positiv erlebt. Es kann jedoch nicht verschwiegen werden, dass es mitunter auch negativ erlebte Kontakte mir Verstorbenen gibt. Als erdgebundene Seelen werden Verstorbene bezeichnet, die durch erdwärts gerichtetes Denken im Übergang in die andere Welt stecken geblieben sind und nicht verstehen, dass sie ge-

152

storben sind. Andere bleiben durch Hass, Gier oder Rachsucht an Personen oder Orte gebunden und sind für eine Vielzahl von Spuk- und Poltergeistphänomene verantwortlich.

Hinterbliebene spüren, wenn ein Verstorbener seinen Frieden noch nicht gefunden hat. Das drückt sich durch Unwohlsein, Angst, Beklommenheit oder Getriebensein aus. Die unwissenden, herumirrenden Seelen richten ihre Aufmerksamkeit auf die Erde, die sie für die einzig mögliche Realität halten. Angst, Orientierungslosigkeit und Kontrollverlust kommen hinzu.

Manche fühlen sich schuldig und fliehen vor dem Licht aus Angst vor Strafe und Verdammnis. Sie fühlen sich dem Unfassbaren und Unbekannten hilflos ausgeliefert. Obwohl immer geistige Helferkräfte anwesend sind, werden diese zurückgewiesen. Diese Seelen bleiben so lange erdgebunden, bis sie ihre Einstellung verändern und um Hilfe bitten. So bleiben sie freiwillig in Erdnähe und halten sich oft in ihrer gewohnten irdischen Umgebung auf. Dazu ein Beispiel:

»Mein Schwiegervater war durch einen Verkehrsunfall ums Leben gekommen. Er hinterließ einen riesigen Schuldenberg, von dem niemand etwas gewusst hatte. Meine Schwiegermutter und auch mein Mann litten sehr unter dieser Last. Nach seiner Beerdigung hatte ich ständig das Gefühl, dass er anwesend ist. Das war keineswegs mit einem positiven Gefühl verbunden. Ich spürte Angst, als wolle er mir mitteilen, wie sehr er sein Versagen bedauerte.

Ich fühlte auch, dass er meine Hilfe brauchte. Das Erleben seiner Gegenwart erstreckte sich über viele Wochen und ich wusste, dass mein Schwiegervater seinen Frieden noch nicht gefunden hatte. Schließlich gab mir eine Freundin einen Tipp, ihn eindringlich aufzufordern, ins Licht zu gehen. Nach diesem Ritual spürte ich ihn nicht mehr. Wenige Wochen später erschien er mir im Traum und bedankte sich für mein Verständnis. Er hatte seinen Weg ins Licht gefunden.«

Gründe für Erdgebundenheit

Verstorbene, die während ihres Lebens davon überzeugt waren, dass mit dem Tod alles aus ist, haben es mitunter sehr schwer, sich den Gegebenheiten der geistigen Welt anzupassen. Es gibt keine Auslöschung des menschlichen Bewusstseins, noch existiert ein nebulöses Nichts, in dem wir für immer verschwinden.

Jeder erlebt eine Kontinuität seiner individuellen geistigen Essenz, die unzerstörbar und ewig ist. Deswegen können Verstorbene manchmal nicht verstehen, dass sie gestorben sind, da sie eine Bewusstseinskontinuität nicht für möglich gehalten haben. Viele kehren an den Ort zurück, an dem sie gelebt haben, und versuchen, ihr Leben fortzuführen, als wäre nichts geschehen.

Die amerikanische Psychologin Edith Fiore hat sich jahrzehntelang mit dem Phänomen der Besessenheit durch Geister auseinandergesetzt. Durch ihre Rückführungsarbeit kam sie zu dem Schluss, dass die meisten Todeserlebnisse zwar positiv erlebt werden, einige mitunter jedoch auch negativ sein können. Sie schreibt dazu:

»Andere waren anders. Anstelle eines sanften Übergangs von einer Welt zur anderen erinnerten sich einige tatsächlich, voller Angst vor dem Licht geflohen zu sein oder sich von ihren verschiedenen Verwandten oder Führern abgewendet zu haben. Viele waren sich ihres Todes nicht bewusst, da sie sich lebendig fühlten, und sie waren völlig verwirrt oder verängstigt, besonders, wenn sie sich bei den Lebenden nicht bemerkbar machen konnten. Diese Individuen blieben erdgebunden – gebunden an die physische Ebene – trotz der Tatsache, dass sie gestorben waren.«[50]

Angst vor Strafe, ein plötzlicher Tod oder Suizid können weitere Gründe für Erdgebundenheit sein. Darüber hinaus gibt es zahlreiche, gut dokumentierte Fälle, in denen Verstorbene im Augenblick ihres Todes in Gedankenspiralen feststeckten und daher nicht mitbekommen haben, dass sie gestorben sind. Mithilfe eines Mediums, das ihnen beispielsweise ihre Situation bewusst macht, können sie schließlich ins Licht gehen. Edith Fiore schreibt:

»Ein anderer Mann, der ebenfalls bei einem Autounfall starb, blieb mehr als vierundzwanzig Stunden am Unfallort und starrte benommen auf die Stelle, an der sein Auto von der Straße abgekommen und in einen Fluss gestürzt war, ehe er irgendwie zu seinem Haus zurückkehrte, wo er vergeblich versuchte, mit seiner Familie Kontakt aufzunehmen.«[51]

Erdgebundenheit kommt besonders häufig vor bei Menschen, die ihr Leben lang von Süchten jeder Art getrieben wurden. Ein zu starkes Verlangen nach Alkohol, Drogen, Rauchen, Sex oder Essen kann nach dem Tod dazu führen, dass der Geist die irdische Ebene nicht verlassen will.

Der gewichtigste Grund, sich nicht aus der irdischen Ebene lösen zu wollen, ist das Nicht-Loslassen-Können eines Hinterbliebenen. Das führt dazu, dass der Verstorbene zwanghaft an die Lebenden gebunden bleibt. Das verhindert die Bewältigung der Trauer, da die negativen Emotionen einer erdgebundenen Seele den Angehörigen belasten. Diese Seelen vermitteln Traurigkeit, Angst, Aggression und sie sind häufig rachsüchtig. Dazu der Bericht einer Frau:

»Ich hatte zu meiner Schwester eine ganz enge Verbindung. Als sie mit fünfzig Jahren plötzlich durch einen Hirninfarkt verstarb, hinterließ sie eine große Lücke, obwohl sie mich zeit ihres Lebens ständig zu manipulieren versuchte und mir ihre

Sichtweisen aufdrängte. Bald schon spürte ich beständig ihre Anwesenheit, doch sie wirkte sehr traurig und schwermütig. Sie brach sogar in meine Träume ein und machte mir Vorwürfe. Ich bat sie sehr inständig, mich endlich in Ruhe zu lassen und ihren Weg ins Licht zu finden. Kurz darauf hörte das Theater auf.«

Eine derartige Beziehung ist auf Dauer schädlich, da sie die Freiheit und Selbstständigkeit des Lebenden einschränken. Wann immer Sie sich nach einem Kontakt mit einem Verstorbenen erschöpft und ausgelaugt fühlen, liegt die Vermutung nahe, es mit einer erdgebundenen Seele zu tun zu haben. Eine Anhaftung kann sich nur gegenseitig bedingen. Schwächung, Apathie, Unwohlsein oder Depressionen sind die Folge bei den Hinterbliebenen.

Bedenken Sie, dass wir uns gegen den unguten Einfluss eines Verstorbenen wehren können. Kein geistiges Wesen vermag in den freien Willen eines Menschen einzugreifen. Wir können jederzeit eine ungewünschte Einflussnahme durch unseren freien Willen beenden. Wir können Verstorbene unterstützen, indem wir für sie beten, ihnen liebevolle Gedanken schicken und sie mit Licht erfüllen.

Bei den positiv erlebten Nachtodkontakten handelt es sich um Seelen, die ihren Weg ins Licht gefunden haben. Diese Verstorbenen wollen uns trösten und heilen, nicht herumkommandieren und schmerzhafte Lektionen verteilen. Sie sind in der Liebe und können alles vergeben.

3. Kapitel

Suizid als Seelenentscheid

Unter einem Suizid wird die bewusste und willentlich herbeigeführte Selbsttötung eines Menschen verstanden. Im Folgenden werden die Begriffe Suizid und Selbsttötung verwendet, da sie neutral und nicht wertend sind im Gegensatz zu den Bezeichnungen Selbstmord oder Freitod. Grundsätzlich lässt sich sagen, dass jeder Mensch in jedem Augenblick seines Lebens über die Möglichkeit verfügt, sich selbst das Leben zu nehmen.

Suizid ist eine Todesart, durch die sich die Seele die Möglichkeit verschafft, den Übergang in die andere Welt zu vollziehen. In der menschlichen Wertung wird die Selbsttötung als äußerst negativ wahrgenommen. Da kein Tod zufällig ist und auch dem plötzlichen Tod ein Seelenentscheid zugrunde liegt, trifft dieser Umstand selbstverständlich auch auf den Suizid zu. Der Suizid gehört immer noch zu den am meisten tabuisierten Themen in unserer Gesellschaft. Zum einen deswegen, weil der Tod an sich verdrängt wird und mit Angst behaftet ist. Zum anderen führt ein Suizid nach christlicher Auffassung unweigerlich in die Verdammnis. Die Angst davor wurde über Generationen weitergegeben und führt bis heute zu erheblichen Schuldgefühlen und Verurteilungen.

Alle Zahlen über suizidale Handlungen in Deutschland und der übrigen Welt sind mit einer hohen Dunkelziffer behaftet. Da Suizidversuche nicht meldepflichtig sind, werden sie häufig von den Betroffenen und Angehörigen verschwiegen. Der Suizid zählt zu den zehn häufigsten Todesursachen in Deutschland. Jährlich sterben zwischen elftausend und vierzehntausend Menschen durch eigene Hand. Weltweit nimmt sich jährlich mindestens eine Million Menschen das Leben.

In Deutschland ist der Suizid bei Jugendlichen mittlerweile die häufigste Todesursache geworden, noch vor Unfällen. Junge Mädchen stürzen sich von Hochhäusern, Teenager verabreden sich im Internet zum gemeinsamen Sterben, junge Männer nehmen Überdosen von Drogen oder fahren mutwillig gegen einen Baum. Andere werfen sich vor die einfahrende U-Bahn. Die junge Generation ist stark gefährdet und unberechenbar in ihrem Tun.

Viele junge Menschen tragen die Sehnsucht nach einer Welt der Liebe, Geborgenheit und Freiheit in sich. Sie wollen etwas Sinnvolles tun und treffen dann auf die Widerstände unserer verkrusteten Gesellschaftsstrukturen, in denen nicht geistige Werte zählen, sondern Äußerliches und Materielles. Sie fühlen sich wie Fremdlinge auf Erden, und hinter dem Willen, sterben zu wollen, steht oft der Wille, in Freiheit und Geborgenheit leben zu wollen.

Die größte Gruppe, die Suizid begeht, sind jedoch Menschen über sechzig Jahre. Das negative Altersbild der Gesellschaft und die Abwertung und Ausgrenzung älterer Menschen sowie deren Angst vor Einsamkeit oder Abschiebung ins Heim wird in Zukunft angesichts der verheerenden Überlastung der Alten- und Pflegeheime die Suizidzahlen sicherlich noch in die Höhe treiben.

Da der Anteil älterer Menschen in der Bevölkerung wächst, droht diese Entwicklung zu eskalieren. Hinzu kommt, dass im Alter Hilfsangebote ausbleiben. Stattdessen herrschen Vernachlässigung und Distanz vor. Alten Menschen bleibt häufig nichts anderes übrig, als sich damit abzufinden, als »strukturelles Problem« gesehen zu werden.

158

Nachtodkontakte nach einem Suizid

Wie bereits mehrfach erwähnt, gibt es keine Auslöschung des menschlichen Bewusstseins, da unmittelbar nach dem Übergang eine Kontinuität des Ich-Bewusstseins erfahren wird. Die Individualität eines Menschen ist der Filter der Wahrnehmung. Das gilt natürlich auch für diejenigen, die sich selbst das Leben genommen haben. Sie versuchen besonders häufig, mit ihren Angehörigen in Kontakt zu treten.

Ein Suizid löst bei den Hinterbliebenen häufig das Gefühl aus, die Not des anderen nicht erkannt zu haben, versagt zu haben, was zu erheblichen Schuldgefühlen führt. Sehr vielen fällt es schwer, einem Suizidanten verzeihen zu können. Zahlreiche Nachtodkontakte belegen, dass Verstorbene besonders nach einem Suizid um Vergebung bitten. Wut, Ohnmächtigkeit, Leid, tiefe Trauer und Schuldgefühle führen bei den Angehörigen dazu, den Verstorbenen nicht loslassen zu können.

Nur wer vergeben kann, wird seinen seelischen Frieden wiederfinden. Der Trauerprozess setzt dann ein, wenn ein Suizid so akzeptiert wird, wie er war. Niemand sollte den Stab über Menschen brechen, die sich das Leben genommen haben. Wir können den inneren Leidensdruck eines Menschen, der mit seinem Leben nicht mehr zurechtkommt, nicht ansatzweise verstehen.

»Suzanne erlebte über viele Jahre den psychischen Zusammenbruch ihres Mannes. Sie konnte seine ständigen Depressionen, Psychosen und Krankenhausaufenthalte nicht mehr ertragen und wünschte sich sehnlichst eine Trennung. Eines Abends kam Holger von der ambulanten Betreuung nicht nach Hause. Er war einfach verschwunden. Drei Tage später wurde er in einem nahe gelegenen Waldstück erhängt aufgefunden.

Das war für Suzanne ein sehr schwerer Schock. Sie war innerlich zerrissen und voll von Schuldgefühlen und Wut. Wenige

Tage nach Holgers Tod spürte sie seine Anwesenheit. Sie fühlte seine tiefe Traurigkeit. Telepathisch vermittelte Holger, dass er das ewige Auf und Ab seiner Erkrankung nicht mehr ertragen konnte. Er bat Suzanne um Verzeihung, dass er ihr so viel Leid zugemutet hatte. Das löste ihre Schuldgefühle auf und sie konnte ihm vergeben. Noch heute spürt sie die liebevolle Gegenwart Holgers.«

Durch Vergebung öffnen wir uns der Liebe des wahren Mitgefühls und lernen, toleranter zu werden. Toleranz heißt, alle Seiten in einem anderen zu akzeptieren und dem anderen zuzugestehen, so zu sein, wie er ist, und sich auf ebendiese spezifische Weise auszudrücken. Bei sehr vielen Menschen, die sich selbst getötet haben, belastet ein langer psychischer Leidensdruck ihr gesamtes Umfeld. Angehörige wollen oft nicht wahrhaben, dass es dem anderen wirklich schlecht geht. Freundschaften brechen auseinander und der Betroffene fühlt sich mehr und mehr isoliert.

Er versinkt in seine eigene Innenwelt, deren Perspektivlosigkeit den Gedanken fördert, nicht mehr leben zu wollen. Um sich selbst zu schützen, werden Suizidankündigungen nicht ernst genommen oder verleugnet von den Angehörigen, da niemand der Wahrheit ins Gesicht schauen will. Eine Frau berichtete mir:

»Nach dem Suizid meines Sohnes Peter konnte ich seine Handlung lange Zeit nicht akzeptieren. Er nahm Designerdrogen und veränderte sich dadurch sehr stark in seiner Persönlichkeit. Peter hörte Stimmen, war desorientiert und sprach davon, sich das Leben zu nehmen. Er verweigerte strikt jede psychiatrische Behandlung. Schließlich warf er sich vor einen Zug.

Etwa sieben Monate nach seinem Tod erschien er mir im Traum. Er wirkte niedergeschlagen und traurig und bereute seine Tat. Durch seinen Suizid fühlte sich die ganze Familie

160

allein gelassen und quälte sich mit Selbstvorwürfen, die Situation nicht wirklich erkannt zu haben. Peter bat mich um Vergebung und vermittelte mir, dass er da, wo er jetzt sei, glücklich sei. Nach diesem Traum konnte ich ihn endlich loslassen, da ich nun wusste, dass es ihm gut geht.«

Ein Suizid löst kein Problem automatisch auf. Wie wir das im obigen Beispiel gesehen haben, wird der Betroffene durchaus mit dem Schmerz und dem Leid der anderen konfrontiert. Depressionen, Trennungen oder Enttäuschung jeder Art können das Leben unerträglich werden lassen. So mancher muss Dinge annehmen, die er weder gewollt hat noch sich vorzustellen vermochte.

Die Herausforderungen des Lebens, an deren Umständen wir wachsen sollen, sind mitunter dermaßen schwierig und leidvoll, dass ein Mensch unter diesem Druck zusammenbricht und nicht mehr leben will. Insofern ist Verständnis und Vergebung seitens der Angehörigen erforderlich, denn nur der kann verzeihen, der lieben kann.

Eine Selbsttötung an sich ist eine Entscheidung eines Menschen aus einer bestimmten Lebenssituation heraus. Nicht immer ist der Grund dafür die völlige Verzweiflung. Es kann sich mitunter sehr wohl um eine Entscheidung des Herzens handeln aus der Erkenntnis heraus, dass unter den gegebenen Umständen die für das Leben vorgenommenen Ziele nicht erreicht werden können, oder um bei schweren psychischen Erkrankungen den Angehörigen viel Leid und viel Schmerz zu ersparen.

Insofern ist auch die Selbsttötung eine Entscheidung der Seele. Wir werden einen Suizid niemals verhindern können. Jede Seele geht ihren eigenen Weg durchs Leben und handelt nach eigenen Gesetzmäßigkeiten. Die Seele will alle Erfahrungen machen, die möglich sind. Dazu kann auch ein Suizid gehören. Ob nun jemand stirbt oder nicht, liegt in der Entscheidung der Seele. Sie befindet darüber, wann der Zeitpunkt des Todes gekommen ist: zum Beispiel wird ein Mensch rechtzeitig gefunden, jemand, der vom Dach eines Hochhauses springt, bleibt wie durch ein Wunder ohne größere Verletzung, ein anderer wiederum stirbt trotz nur geringer Schlaftabletteneinnahme. Kein Tod oder Überleben ist also zufällig. Der Wille des Menschen reicht nur bis zu einem bestimmten Punkt. Wir können niemals gegen die eigene Seele handeln.

Es gibt psychische Verfassungen und Belastungen, die auf Erden nicht zu heilen sind. Wenn eine Seele wirklich sterben will, wird sie einen Weg in die andere Welt finden, und nichts und niemand kann sie davon abhalten. Fatal für die Angehörigen eines Suizidanten ist in diesem Zusammenhang das Was-wäre-wenn-Denken. Wer einen Menschen durch Suizid verloren hat, tritt erst dann in den Trauerprozess ein, wenn er voll und ganz akzeptiert, was geschehen ist.

Solange Verweigerung, Wut, Zorn oder Schuldgefühle vorherrschen, ist Vergebung, Verständnis und Liebe nicht möglich. Es kann nicht zu einem geistigen Wachstum kommen, und die Betroffenen sind blockiert. Wir sollten nicht vergessen, dass der Mensch nicht Herr über Leben und Tod ist noch Schicksal spielen kann. Alles, was geschieht, geschieht notwendig und ist in ein höheres Sein eingebunden. Maßgeblich ist der freie Wille des Menschen, in den Gott nicht eingreift – selbst wenn wir uns das noch so sehr wünschen oder selbst glauben, dies tun zu können. Gott ist Liebe, und das allein ist unser Weg und unsere ewige Bestimmung.

Keine Seele geht verloren

In der Fachliteratur wird häufig davon berichtet, dass ein Betroffener im Automatismus seiner Selbsttötung stecken bleiben kann.

162

»Jochen erschoss sich mit einem Gewehr, weil seine Freundin ihn verlassen hatte. Er merkte nicht, dass er gestorben war, und steckte im Ablauf seines Suizids fest: Er erhob sich, richtete die imaginäre Waffe an den Kopf, stürzte und erhob sich wieder. Da Raum und Zeit aufgehoben sind, wiederholte sich sein Tun als Endlosschleife. Er tobte und wütete, bis er völlig verzweifelt seiner Mutter im Traum erschien. Jochen wirkte niedergeschlagen, traurig und bereute sein Tun. Seine Umgebung wirkte eher düster, und er flehte seine Mutter um Hilfe an. Diese betete intensiv für ihn. Einige Wochen später träumte sie wieder von Jochen. Nun war er wie verwandelt. Er wirkte gelöst und war in ein helles Licht gehüllt. Er hatte seinen Weg in die andere Welt gefunden und die besorgte Mutter ihren Frieden.«

Es gibt in der geistigen Welt keinen dunklen Ort, da dieser nur in uns selbst existiert. Geistige Hilfe ist immer da, und das gilt für jeden, unabhängig davon, wie schwer die Verfehlungen auch gewesen sein mögen. Jochen steckte so lange fest, bis er zu der Einsicht gelangte, nicht länger den Automatismus wiederholen zu wollen. Er suchte Hilfe und erschien daher seiner Mutter im Traum.

Jedes Gebet ist ein Lichtstrahl, welches selbst das Dunkelste zu erhellen vermag. Sobald ein Verstorbener erkennt, dass er gestorben ist und das Licht braucht, wird ihm geholfen. Niemand begibt sich nach einem Suizid automatisch an dunkle Orte. Ausschlaggebend sind das Leben, das ein Betroffener geführt hat, und sein individueller Bewusstseinszustand vor dem Tod. Davon ist abhängig, dass er erkennen kann, dass er sich in einer anderen Dimension des Seins befindet. Wer sich das Leben nimmt in der Hoffnung, in ein Nichts zu flüchten, wird eines Besseren belehrt.

Deswegen sollten wir uns stets darüber bewusst sein, dass wir zwar den Körper vernichten können, niemals jedoch unsere

163

ewige individuelle Essenz. Niemand kann sich selbst töten, da wir Menschen ewige Wesen sind. Ausschlaggebend für einen gelingenden Übergang ist einzig die Motivation. Eine Frau berichtete mir Folgendes:

»Mein Sohn Dieter litt an einer unheilbaren Krebserkrankung. Er hatte unzählige Operation und Chemotherapien über sich ergehen lassen, doch nun hatten ihn die Ärzte aufgegeben und ihn nach Hause entlassen. Er erklärte der gesamten Familie, dass er sich entschlossen habe, sich das Leben zu nehmen, was er noch am selben Abend tat.

Wenige Tage später erschien mir Dieter im Traum. Vor seinem Tod war er völlig ausgezehrt, doch nun wirkte er gesund und wesentlich jünger. Er erklärte mir telepathisch, dass er die Schmerzen nicht mehr ertragen habe und dass alles in Ordnung sei. Wir sollten uns keine Gedanken machen. Er versicherte mir, dass alles gut wir. Dadurch konnte ich seinen Suizid annehmen und fühlte mich sehr getröstet.«

Offenbar gehen manche nach einer Selbsttötung direkt ins Licht. Sobald der Körper verlassen wird, fühlen sie sich frei und erlöst von Leid, Depressionen oder Schmerz. Keine Seele geht jemals verloren. Strafe und Verdammnis existieren nicht in der geistigen Welt.

Nicht die Todesart steht im Blickpunkt, sondern der ganze Mensch. Selbst wenn eine Seele jahrelang in ihrer Entwicklung stecken bleibt, ist es eine universale Wahrheit, dass jeder ins Licht eingehen wird. Wir erfahren Hilfe und Verständnis und vor allem Vergebung, um ganz und heil zu werden.

Wer schwere Krisen zu bewältigen hatte, erlebt liebevolles Mitgefühl, um die Ursache seines Todes verstehen zu können. Wir sollten uns daher hüten, einen Suizid mit Schuld, Sühne oder gar als Verbrechen gegen sich selbst gleichzusetzen. Der ewige Fortschritt bleibt keinem verwehrt.

Zuspruch und Trost aus dem Jenseits

Manche Menschen geraten durch schmerzliche Verlusterfahrungen in einen Strudel von Verzweiflung, Angst, Hilflosigkeit oder Resignation. Das kann durch einen plötzlichen Unfalltod eines Ehemannes der Fall sein, der seine Familie unversorgt zurückgelassen hat, oder durch den Verlust eines Kindes, der sämtliche Hoffnungen für die geplante Zukunft mit einem Schlag vernichtet. Nicht wenige sehen als einzigen Ausweg einen Suizid.

Bei extremen Schicksalsschlägen treten Verstorbene besonders häufig mit uns in Kontakt. Sie versuchen uns daran zu erinnern, dass auch schwierige Zeiten vorübergehen und dass wir hier im Leben noch eine Aufgabe zu erfüllen haben.

Kein einziger Suizid wird jemals die Probleme unseres Lebens, die nicht gelöst wurden, beseitigen. Jeder von uns ist auch nach seinem Tod mit sich selbst konfrontiert und wird sich mit den Auswirkungen seines Lebens auseinandersetzen müssen. Der einzelne Mensch ist die Summe seiner Gedanken, Taten und Worte, und es bleibt keinem von uns erspart, sich selbst ungeschminkt ins Gesicht zu schauen. Alles Leiden, das hier nicht bewältigt wurde, muss in der geistigen Welt abgearbeitet werden. Insofern ist es immer besser, im Hier und Jetzt das Leiden anzunehmen und hindurchzugehen, egal, wie schwierig oder ausweglos manche Situationen auch erscheinen mögen.

Die folgenden Fallbeispiele demonstrieren, dass durch die Begegnung mit einem Verstorbenen selbstzerstörerische Tendenzen schlagartig beendet werden können.

»Eine junge Frau, deren Ehemann sich aus für sie nicht ersichtlichen Gründen mit fünfundzwanzig Jahren das Leben genommen hatte, kam mit ihrem Leben nicht mehr ins Reine. Nur die fünfjährige Tochter verhinderte, dass sie sich sofort das Leben nahm. Als sie wieder einmal unendlich verzweifelt

165

war, nicht schlafen konnte und grübelte, erschien ihr ihr Mann im Wachbewusstsein.

Er war in ein helles Licht getaucht und sprach: ›Es tut mir wahnsinnig leid, dass ich dich zurücklassen musste, aber ich bitte dich inständig, nicht den gleichen Fehler zu begehen.‹ Er bat seine Frau um Verzeihung, damit sie loslassen kann. Sie solle unbedingt ihr Leben in die Hand nehmen und auch daran denken, dass die kleine Tochter sie noch brauchte. Dann streichelte er ihr übers Haar. Diese Berührung vermittelte ihr eine unendliche Liebe und ein geradezu überirdisches Verständnis, dass sie in Tränen ausbrach. Gleichzeitig aber war sie so glücklich wie lange nicht. Das Erlebnis dauerte fast eine halbe Stunde, und nachdem sich ihr Mann verabschiedet hatte, fühlte sie sich unglaublich getröstet und angenommen. Seit diesem Erlebnis hat sie nie wieder über einen Suizid nachgedacht.«

Das Leben ist ein kostbares Geschenk und hat einen tieferen Sinn. Dazu gehören auch die schwierigen Zeiten, von denen wir manchmal glauben, dass sie nie zu Ende gehen werden. Manchmal brauchen wir nur einen kleinen Anstoß, um die Sichtweise auf unsere Probleme verändern zu können. Wenn das gelingt, finden wir einen erneuten Zugang zum Fluss unseres Lebens. Eine erst fünfundzwanzigjährige Frau berichtete mir:

»Mein Freund hatte mich verlassen, und gleichzeitig wurde ich arbeitslos. Mein ganzes Leben schien zerbrochen, und ich war an einem Punkt angelangt, an dem ich keinen Sinn mehr in meinem Leben finden konnte. Ich war sehr verzweifelt und weinte nächtelang. Ich beschloss, mir das Leben zu nehmen, und hatte schon einige Zeit Tabletten gesammelt.

In jener Nacht spürte ich plötzlich eine Gegenwart und eine sanfte Umarmung, und dann sah ich das Gesicht meiner ver-

166

storbenen Mutter vor mir. Sie blickte mich sehr ernst an und sagte: ›Dein Leben hat einen höheren Sinn. Du befindest dich in einer Sackgasse, aber es wird dir bald besser gehen. Du wirst eine neue Arbeit finden und einen neuen Freund.‹ Dieses Erleben rüttelte mich auf, und ich schöpfte neuen Lebensmut. Tatsächlich fand ich schon wenige Wochen später Arbeit und drei Monate später lernte ich meinen jetzigen Ehemann kennen. Wir haben sogar ein Kind. Ich bin meiner Mutter sehr dankbar, dass sie mir Trost und Hoffnung am schwärzesten Tag meines Lebens spendete. Heute weiß ich, dass mein Leben ein kostbares Gut ist.«

Dieses Beispiel zeigt einmal mehr, wie Angehörige durch das liebevolle Eingreifen eines Verstorbenen den Zuspruch erhalten, mit dem sie ihren Lebenswillen reaktivieren können. Da diese sich in der Zeitlosigkeit des Allgegenwärtigen befinden, verfügen sie über tiefe Einblicke in unser Leben, wie das im folgenden Beispiel zum Ausdruck kommt:

»Mein Leben war zu jenem Zeitpunkt eine absolute Katastrophe. Ich war an einem Punkt angelangt, an dem nichts mehr ging, und ich nur noch weg sein wollte. Ich war damals neunundzwanzig und schwer depressiv. Mein Freund konnte mich nicht mehr ertragen, und auch andere Freunde hielten meinen ewigen Pessimismus nicht mehr aus. Ich fühlte mich isoliert und allein, und als ich dann auch noch durch die Betriebswirtschaftsprüfung durchfiel, sah ich nur noch schwarz.
Ich nahm sämtliche Psychopharmaka, die ich gesammelt hatte, und wollte sie in einem Mörser zerreiben. In diesem Augenblick spürte ich die Gegenwart meiner Mutter, die vor drei Jahren an Krebs gestorben war. Ich fühlte mich von meiner Mutter umarmt, genauso wie ich es früher immer erlebt habe. Sie sagte zu mir in Gedanken: ›Tu das bitte nicht! Du bist auf dem falschen Weg! Ich bin hier, um dir zu helfen. Dein Leben

kann sich ändern, wenn du deine Einstellung veränderst.‹ Ich fühlte mich unglaublich verstanden und getröstet. Es dauerte ein paar Monate, bis ich wieder einen Zugang zum Leben fand. Jedes Mal, wenn ich wieder an mir zweifelte, spürte ich die liebevolle Gegenwart meiner Mutter. Sie hat mir unmissverständlich von der anderen Seite zu verstehen gegeben, dass sie immer für mich da ist.«

Derartige Eingriffe haben eine weit reichende Bedeutung für unser Leben. Die meisten Menschen nehmen die Botschaften ernst und überstehen die Krise. Zuspruch und Trost aus dem Jenseits zeigen, dass wir den Verstorbenen nicht gleichgültig sind und dass sie weiterhin Anteil an unserem Leben nehmen. Deswegen versuchen sie nach Möglichkeit, uns vor drohenden Gefahren oder einem Suizid zu bewahren, wenn das so sein soll.

4. Kapitel

Die Bitte um Vergebung

Die Bedeutung der Nachtodkontakte für unser Leben und warum sie so äußert häufig auftreten, hat im Wesentlichen damit zu tun, dass Verstorbene über ihren Tod hinaus versuchen, Unerledigtes und Versäumtes in Ordnung zu bringen.

Wer auf der Erde gestorben ist, erwacht auf der anderen Seite in einer Welt der Liebe, des Friedens und der Einheit. In dieser Raum- und Zeitlosigkeit des ewigen Seins erleben wir eine Kontinuität des individuellen Ich-Bewusstseins. Das Ego der menschlichen Persönlichkeit existiert nicht weiter.

Wir sind so viel mehr als das kleine Erden-Ich, das von irdischen Wünschen, Begierden, Erwartungen oder Sehnsüchten getrieben wird, was während unseres Lebens unweigerlich zu Konflikten und Problemen mit anderen geführt hat. Wir erkennen, dass wir eine ewige, unzerstörbare, unsterbliche Geistidentität sind, jenseits aller Rollen, die wir im Leben gespielt haben oder zu sein glaubten.

Die Essenz der Gedanken, Worte und Taten geht in die Einheit der Liebe ein. Alle Ängste, aller Mangel, alles daraus resultierende Leid sind aufgelöst. Insofern ist es sehr wichtig für Verstorbene, sich von dem Ballast erdwärts gerichteten Denkens zu befreien und sich mit seinen unerledigten Dingen, die mit in die geistige Welt genommen werden, auseinanderzusetzen. Jeder geistige Fortschritt beginnt dadurch, sich aus den Schlacken der Wut, des Zorns, der Angst und des Hasses zu lösen.

Viele Menschen wollen sich während ihres Lebens nicht ihrer Eigenverantwortung stellen. Sie beharren in familiären Auseinandersetzungen auf ihrem Standpunkt und sind nicht bereit, ihren eigenen Anteil an den auftretenden Problemen zu erkennen. Materielles Streben im Außen, wie es heute weit verbreitet ist, lässt Gefühle gefrieren. Hektik und Stress tragen dazu bei, dass das eigene Umfeld nicht mehr wahrgenommen wird. Wir nehmen uns zu wenig Zeit für die Familie oder Freunde, und das führt letztlich zu Entfremdungen, Streit, Wut, Zorn, Verletzungen oder Worten, die wir nicht hätten sagen sollen. Andere machen durch beständige Nörgelei oder tyrannisches Benehmen ihrer Umwelt das Leben zur Hölle. Als Folge ziehen sich Kinder von ihren Eltern zurück, oder die eigenen Kinder werden verstoßen. Die beste Freundin wird plötzlich gemieden, weil sie eine verletzende Bemerkung gemacht hat. Statt Unausgesprochenes zu klären und aufzulösen, brodeln derartige Konflikte in den Innenräumen der Menschen weiter – oft über Jahrzehnte.

Die Bedeutung der Lebensrückschau

Nach dem Tod muss sich jeder Mensch mit seinem gelebten Leben auseinandersetzen. Er schaut sich ungeschminkt ins Gesicht, wobei es um die eine Frage geht: Haben wir Liebe gegeben oder zurückgehalten? Die Phase der Erinnerung konfrontiert den Einzelnen nicht nur mit der gelebten Perspektive und wie er selbst die Ereignisse seines Lebens wahrgenommen hat, sondern auch mit den Auswirkungen und Konsequenzen auf andere Menschen.

Dabei bleibt nichts verborgen, noch kann etwas beschönigt werden. Der größte Irrtum der Lebenden besteht in der Annahme, dass die wahren Beweggründe ihrer Gedanken und Handlungen verborgen bleiben. Doch nun machen wir die Erfahrung, dass nur Authentizität, Klarheit des Willens und Liebe zählen, wenn die Karten aufgedeckt werden.

170

In dieser Phase der Aufarbeitung der Illusionen des Erdenlebens wird sich so mancher Verstorbene zum ersten Mal bewusst, was er selbst zu Problemen und Konflikten beigetragen hat. Eine Projektion von Schuld auf andere, wie es im Leben oft erfolgt, ist nun nicht länger möglich. Wir erleben jeden Schmerz, den wir anderen zugefügt haben, aus dessen Perspektive. In der Einheit des Seins wird uns bewusst, dass wir den Schmerz, die Urteile oder das Verurteilen anderer uns selbst zugefügt haben.

Das löst bei vielen echtes Bedauern aus und führt zu dem aufrichtigen Wunsch nach Vergebung und Aussöhnung. Der freie Wille besteht nach dem Tod weiter und manche Verstorbene halten sich so lange in einer Zwischenwelt auf, bis sie den Mut aufbringen, sich mit den Bildern ihres Lebens auseinanderzusetzen. Das führt bei vielen Verstorbenen dazu, dass sie Hinterbliebene um Vergebung bitten.

Die Bitte um Vergebung

»Mein Leben lang hatte ich große Probleme mit meinem Vater, der durch seinen ständigen Alkoholkonsum schon während meiner Kindheit die ganze Familie tyrannisierte. Oft schrie er nächtelang, sodass wir nicht schlafen konnten. Mein jüngerer Bruder litt schon mit zehn Jahren an Panikattacken und nahm sich als Siebzehnjähriger das Leben. Dafür machte ich meinen Vater verantwortlich und hasste ihn. Vor zwei Jahren starb er infolge eines Herzinfarkts.

Etwa ein Jahr nach seinem Tod hatte ich einen Traum, den ich nie vergessen werde. Ich erblickte meinen Vater auf einer erleuchteten Wiese, und er wirkte erstaunlich jung. Doch er war irgendwie sehr traurig. Dann sprach er mit mir: ›Ich bin gekommen, um dich um Verzeihung zu bitten, für alles, was ich dir angetan habe. Es tut mir aufrichtig leid.‹ Dann sah ich meinen Bruder neben ihm stehen. Er lächelte und drückte unseren Vater. Er sah sehr glücklich aus und zeigte das sehr deutlich. Der Traum bewirkte, dass ich mich endlich von meinem Hass befreien und verzeihen konnte.«

Solange wir durch Hass, Wut oder Groll an einen Verstorbenen gebunden bleiben, werden wir keinen inneren Frieden finden. Die Bitte um Vergebung seitens eines Verstorbenen kann bewirken, dass wir die Opferrolle und den aufgestauten Schmerz der Vergangenheit loslassen können. Das Gefühl der Reue, das der Verstorbene zum Ausdruck bringt, und die Versicherung, dass es ihm aufrichtig leidtut, ist ein Akt der Befreiung für alle Beteiligten. Vergebung ist ein Akt der Liebe und Lebende und Verstorbene können nur gemeinsam verzeihen.
Wir sind so lange in unserem Lebensfluss blockiert, bis alle nicht gelösten und verdrängten Konflikte losgelassen werden können. Es ist der eigene Mangel an Liebe, wenn wir nicht verzeihen können. Als Hinterbliebene hinterlassen unterdrückte Wut und das Nichtaussprechen belastender Dinge tiefe Spuren, die uns keinen Frieden finden lassen. Der spirituelle Plan unseres Lebens, an den Umständen zu wachsen, ist darauf ausgerichtet, uns zu bedingungsloser Liebe zu führen. Das ist verbunden mit geistigen Werten wie Mitgefühl, Lebensbejahung, Toleranz, Großzügigkeit, Dankbarkeit, Frieden und vor allem Versöhnlichkeit. Der Prozess der Selbsterkenntnis ist der Grund dafür, dass die Bitte um Vergebung sowie echte Reue ein wiederkehrendes Element in den Nachtodkontakten sind. Dafür ein typisches Beispiel:

»Mein Vater starb durch einen Verkehrsunfall. Das war für mich sehr schmerzlich, obwohl ich schon seit Jahren keinen Kontakt mehr zu ihm hatte, da er schnell gewalttätig wurde. Wie oft hatte ich mir vorgenommen, ihn zu besuchen, um mit ihm Frieden zu schließen. Nun war es dafür zu spät.

172

Etwa ein halbes Jahr nach seinem Tod erschien er mir im Traum. Er stand an meinem Bett und umarmte mich herzlich. Er strahlte Sanftmut aus, die ich zuvor nie an ihm erlebt hatte. Und dann geschah es: Er bat mich telepathisch um Vergebung. Es tue ihm leid, mich so häufig geschlagen zu haben. Ich möge mich nicht weiter mit der Vergangenheit quälen. Durch diesen Traum konnte ich endlich mit meinem Vater ins Reine kommen.«

Im Leben gibt es viele Wege und viele Menschen, denen wir begegnen. Wir alle haben unterschiedliche Vorstellungen davon, was richtig oder falsch, gut oder böse ist. Insofern können wir Menschen, denen wir auf unserem Weg durchs Leben begegnen, nur so annehmen, wie sie sind. Das Wichtigste ist die Liebe und die Güte, die wir für andere empfinden. Die Erfahrung vollkommener Güte lässt uns wachsen, vor allem durch Vergebung.
Rosalyn wurde als Kind von ihrem Onkel missbraucht. Durch dieses unverarbeitete Trauma wurde sie drogen- und alkoholabhängig. Schließlich erkannte sie, dass sie mit ihrem Onkel Frieden schließen wollte.

»Im vergangenen Frühling wachte ich eines Nachts plötzlich auf. Ich drehte mich um und sah Jesus und Onkel Mickey direkt neben meinem Bett stehen! Ich sah nur ihre Oberkörper und dahinter war helles Licht. Ein überwältigendes Gefühl der Liebe überkam mich, doch ich nahm auch den Ernst der Situation wahr. Jesus fragte: ›Willst du diesem Mann irgendetwas zur Last legen?‹ Ich antwortete: ›Nein.‹ Dann sah Jesus meinen Onkel an und sprach zu ihm: ›Auch ich lege ihm nichts zur Last.‹ Da wusste ich, dass Onkel Mickey seinen Frieden beim Herrn gefunden hatte – und dass er frei war. Wenige Tage später schrieb mir meine Mutter, dass Onkel Mickey gestorben sei.«[52]

Kurz nach dem Mord an seinem Sohn Ron hatte Glen eine Erscheinung. Ron forderte ihn inständig auf, nicht in Wut und Hass zu verfallen.

»Da sagte Ron: ›Kein Hass, keine Wut, Dad.‹ Er schien mir damit zu versichern, dass er für niemanden Hass empfand und auf niemanden wütend war. Und er wollte auch nicht, dass ich Wut oder Hassgefühle gegen irgendjemanden hegte. Dann sagte er noch: ›Mach dir meinetwegen keine Sorgen. Ich bin glücklich.‹ Das tat mir gut.«[53]

Verstorbene können immer verzeihen durch den größeren Überblick, den sie durch ihre Lebensrückschau erhalten haben. In der jenseitigen Welt sind alle Bewertungen und Gegensätzlichkeiten aufgehoben, sie sind Illusionen des Erdenlebens, die in der anderen Welt nicht existieren. Es gibt dort keine Polarität von Gut und Böse, und es ist uns, unabhängig von der Schwere oder Grausamkeit einer Tat, bereits vergeben.
Die Lebensrückschau ist Heilung, niemals aber Strafe! Nur durch objektive Erkenntnis der Auswirkungen unseres Lebens auf das Ganze ist Weiterentwicklung möglich. Wer in Wut und Zorn stecken bleibt, zieht stets nur neuen Schmerz und Negativität in sein Leben.
Ein Mann erzählte mir, dass sein Sohn durch einen ärztlichen Kunstfehler gestorben sei. Er war voller Wut und Zorn auf das Operationsteam und betrachtete die Ärzte fast als Mörder. Darüber hinaus machte er sich schwerste Vorwürfe darüber, dass er die Operation zugelassen habe und nicht anwesend war, als sein Sohn starb. Eines Nachts erschien ihm Christian im Traum. Er sah überirdisch schön aus und lächelte:

»Ich möchte dir sagen, Papa, dass ich nicht gelitten habe und keinerlei Schmerz fühlte bei meinem Übergang. Die wirklich Leidtragenden sind die Ärzte, die sich mit den Konsequenzen

174

ihres Fehlers und ihrer Verantwortung auseinandersetzen müssen. Vergib ihnen und quäle dich nicht länger und vergib dir selbst. Dann wird alles gut!«

Oft erkennen wir erst nach dem Tod eines Angehörigen eigene Unterlassungen oder auch Verletzungen. Dadurch kommen die eigenen Fehler wieder ins Bewusstsein. Das kann für Hinterbliebene sehr quälend sein, weil sie glauben, dass es keine Möglichkeit mehr gibt, um Verzeihung zu bitten. Viele fühlen sich dann schuldig. In Wirklichkeit gibt es keine Fehler, für die ich mich schlecht fühlen muss.

Fehler sind dazu da, sie zu erkennen, sie zu bedauern, um dann die Verantwortung dafür zu übernehmen und durch Verzeihen und Selbstvergebung alte Wunden loszulassen. Das ist ein beständiger Selbsterkennungsprozess, in dem uns die Verstorbenen behilflich sein wollen.

Wir können die wohltuende und tröstliche Erfahrung machen, dass aus der geistigen und liebevollen Perspektive der Verstorbenen Vergebung immer gewährt wird. Nur die bedingungslose Liebe heilt und vergibt, wenn wir sie denn annehmen können.

Der Mensch tut sich keinen Gefallen, wenn er nicht vergeben kann. Das Geschehene wird ihn so lange weiter belasten und den eigenen Lebensfluss blockieren, bis er sich aus den ständig kreisenden Gedanken darüber befreien kann. Was immer einem angetan wurde, kann zum eigenen Leid werden, unabhängig davon, ob ich Opfer oder Täter bin, da jede Erinnerung an die Verletzung die alten Wunden wieder aufreißt.

Verzeihen bedeutet, sich aus den Gedankenkreiseln und Verletzungen zu befreien. Wirkliche Heilung kann nur durch Vergebung erlangt werden. Die Bitte um Vergebung seitens der Verstorbenen ist dafür ein deutliches Zeichen. Verzeihen mit verschlossenem Herzen ist niemals möglich.

5. Kapitel

Wiederbegegnungen mit verstorbenen Kindern

Der Tod eines Kindes trifft in der heutigen westlichen Gesellschaft auf zwiespältige Reaktionen: Einerseits ist die Vorstellung, ein Kind zu verlieren, von tief greifenden Ängsten geprägt und gilt als das Schlimmste, was sich Eltern vorstellen können, andererseits werden wir in den Nachrichten und Zeitungen sehr häufig mit kindlichen Opfern von Morden, Bränden, Verkehrsunfällen, Hungerkatastrophen und Kriegen konfrontiert. Doch der Tod eines Kindes ist nicht mit Worten auszudrücken, eine derartige Erfahrung liegt jenseits des Vermittelbaren. Wenn dann jemand versucht, seine Gefühle zu schildern, will sich das Umfeld am liebsten gar nicht damit auseinandersetzen. Der Tod eines Kindes beschwört archaische Ängste herauf, besonders wenn man sich vorstellt, es könnte sich bei einem Opfer um das eigene Kind handeln.

Es erstaunt wenig, dass verwaiste Eltern oft allein gelassen werden und man ihnen nur hilflos und schweigend begegnet – aus der Angst heraus, sich diesem tiefen Schmerz zu stellen. So manche Nachbarin wechselt die Straßenseite, um dem Trauernden aus dem Weg zu gehen, oder es erfolgen Beschwichtigungen nach dem Moto, dass eine betroffene Mutter doch noch zwei Töchter habe. Wir haben nie gelernt, mit Trauer und Tod offen und ehrlich umzugehen.

Der Tod wird verdrängt und daher vermeiden wir es nach Möglichkeit, uns davon innerlich berühren zu lassen. Dadurch geben wir den Betroffenen nicht die Möglichkeit, ihren Schmerz über den Verlust ihres Kindes auszudrücken und da-

176

rüber zu sprechen, was das für sie bedeutet. Durch diese Art des Abschirmens wird der Tod aus dem Leben ausgegrenzt, anstatt dass wir uns gemeinsam mit den Trauernden den existenziellen Fragen unseres Lebens stellen.

Erst wenn wir selbst durch den Tod eines nahestehenden Menschen konfrontiert sind und der gesellschaftlichen Verweigerung der Realität des Todes ins Auge sehen müssen, erkennen wir, wer von den Freunden und Verwandten wirklich für uns da ist. Das ist mitunter eine sehr bittere Erfahrung für viele Trauernde, wenn sie erleben, dass einstmals enge Freunde nicht bereit sind, ihnen zur Seite zu stehen.

Der Tod eines Kindes ruft Sprachlosigkeit und Hilflosigkeit hervor. Die Menschen werden mit der Tatsache ihrer Endlichkeit konfrontiert und mit dem Wissen, dass der Tod auch ihr Kind holen könnte. Das macht es so schwierig, auf verwaiste Eltern zuzugehen, besonders wenn die Tatsache des Sterbenmüssens verleugnet wurde. Die Gesellschaft versucht sich vor Verlusten jeder Art und dem daraus resultierenden Leid zu schützen, was jedoch für eine betroffene Familie gar nicht möglich ist. Sie muss die Realität der Situation annehmen und braucht Unterstützung. Wenn diese Hilfe ausbleibt, sind viele gezwungen, den Verlust ganz allein und im Stillen zu verarbeiten. Sehr belastend für die Betroffenen ist die vorherrschende gesellschaftliche Vorstellung, in einer gewissen Zeit über den Verlust hinwegkommen zu müssen. Das ist besonders für Eltern nach dem Verlust eines Kindes nicht nachzuvollziehen.

»Georg verlor seine Tochter durch einen Verkehrsunfall. Er machte die Erfahrung, dass er seine Gefühle den Freunden gegenüber nicht ausdrücken konnte. Eher war es so, dass einige ihm Vorwürfe machten, er hätte nicht genug auf sein Kind aufgepasst. Er konnte seinen Schmerz nicht ausdrücken und focht innerlich viele Kämpfe aus. Wenn er weinen musste, hielt er das für Selbstmitleid. Im Laufe der Jahre fing er an zu trinken, um auf diese Weise seinen Verlust zu kompensieren. Seine Frau verließ ihn. In den sieben Jahren nach dem Tod seiner Tochter machte er immer wieder die Erfahrung, dass andere vor solch einem Thema zurückschreckten. Schließlich entschied er sich, eine Therapie zu machen, die ihm half, ins Leben zurückzukehren.«

Es gibt keine Regeln für einen Trauerprozess und darüber, wie lange er dauern darf. Jeder durchlebt die Trauer um den Verlust eines Menschen auf seine eigene individuelle Weise. Niemand kann von einem anderen Menschen erwarten, dass Trauer nach dem Verlust eines Kindes einfach per Knopfdruck zu beenden ist. Das Wichtigste ist, den Verlust annehmen zu können. Das ist das Schwierigste im Trauerprozess.

Kinder melden sich aus dem Jenseits

Eltern, die ihr Kind verloren haben, bedürfen eines besonderen Trostes. Deswegen ist es wenig erstaunlich, dass früh verstorbene Kinder ihre zurückgebliebenen Eltern durch nachtodliche Kontakte und Kommunikation zu erreichen versuchen. Viele Kinder sterben infolge von Unfällen. Nach einem plötzlichen Tod ist es in besonderer Weise schwer, ein derartiges Geschehen zu akzeptieren.

Da wir stets auf den Körper schauen und was mit ihm geschieht, wenn er schwere Verletzungen erlitten hat, ist es für Betroffene besonders schwer, ein solches Geschehen für das eigene Kind anzunehmen.

Viele malen sich das mögliche Leiden aus und konstruieren eine Art Horrorvideo, das wieder und wieder vor ihrem inneren Auge abläuft. Dabei wird der Schmerz imaginiert, den das Kind in diesem Augenblick gefühlt haben mag. Wir wissen aus den Nahtoderfahrungen, dass es in lebensbedrohlichen Situationen einen Mechanismus gibt, der direkt einen Körperaustritt hervorruft.

Die meisten Betroffenen geben an, ihren Körper schon vor dem eigentlichen Unfall verlassen zu haben. Eltern, die ihr Kind durch einen Unfall verloren haben, bedürfen besonderer Hinweise, dass es ihrem Kind gut geht, wie im folgenden Beispiel:

»Maike war beim Spielen auf dem Bauernhof in einen Mähdrescher geraten. Der Bauer hatte sie nicht gesehen. Die Eltern waren wütend und zutiefst verzweifelt, zumal der Körper des Kindes durch den Unfall stark verstümmelt worden war. Sie lebten in der Angst, dass es ihrer Tochter nicht gut gehe, und die Frau erlitt schwerste Depressionen. Wenige Tage nach der Beerdigung hatte sie eine Erscheinung ihrer Tochter im Wachzustand.

Sie lag auf dem Sofa und weinte lautlos, als sie bemerkte, dass sich mitten im Raum ein Licht ausbreitete, in dem sich ihre Tochter Maike befand. Das Kind strahlte und lächelte überirdisch. Verblüfft stellte sie fest, dass ihre Tochter nicht die geringste Verletzung aufwies. Maike übermittelte ihrer Mutter telepathisch, dass alles gut sei und dass die Familie bald wieder glücklich sein werde. Sie sagte, dass sie immer für ihre Eltern da sein würde und sie ihre Anwesenheit spüren könnten. Dann löste sich die Erscheinung auf. Maikes Mutter war glücklich über diese unerwartete Begegnung. Sie informierte ihren Mann, der ihr erzählte, dass er zum selben Zeitpunkt eine Wiederbegegnung mit Maike in seinem Büro erlebt habe.«

In den Nachtodkontakten wird immer wieder davon berichtet, dass auftretende Phänomene von mehreren Personen gleichzeitig erlebt werden. Es hat sich gezeigt, dass vor allem kleine Kinder bis zu sechs Jahren besonders offen für die Präsenz eines Verstorbenen sind. Eine Hospizhelferin berichtete mir Folgendes:

»Sebastian starb durch einen Motorradunfall. Seine Mutter bat uns um Hilfe, da sie seinen Tod nicht akzeptieren konnte. Beim ersten Besuch war sie sehr gehemmt. Beim zweiten Mal erzählte sie mir von einem Schmetterling, der täglich auf der Balkonbrüstung sitze. Ihr Mann wollte nicht, dass sie darüber spricht. Dann bat sie mich, ob wir nicht auf den Balkon gehen können, und tatsächlich erschien kurz darauf der Schmetterling. Dann kam der vierjährige Bruder auch auf den Balkon und drängte sich zwischen uns durch zur Brüstung. Plötzlich fing der Schmetterling an, um seinen Kopf herumzutanzen. Der Junge fing an zu lachen und rief: ›Lass das, Basti!‹ Nach diesem Erlebnis konnte die Frau den Tod ihres Sohnes annehmen.«

Kinder sind im Umgang mit Verstorbenen viel unverkrampfter und spontaner als Erwachsene. Sie werden auch nicht von den Zweifeln der Erwachsenen geplagt. Für sie ist die Präsenz eines Verstorbenen etwas völlig Natürliches.
Trauernde Eltern fragen sich oft, wo ihre Kinder sind und ob sich jemand im Jenseits ihres Kindes annimmt. Die vorliegenden Berichte zeigen, dass Kinder liebevoll aufgefangen werden. Wir können uns darauf verlassen, dass unzählige geistige Helfer bereitstehen, ein verstorbenes Kind in Empfang zu nehmen und ihm beizustehen. Manchmal ist die Trauer der Eltern zu groß, sodass ein verstorbenes Kind nicht in das Bewusstsein der Trauernden eindringen kann. Insofern kommt es häufiger vor, dass sie sich bei Nachbarn oder Freunden bemerkbar machen, wie im nachfolgenden Beispiel. Der siebenjährige Patrick wurde von einem Auto überfahren. Die Nachbarin seiner Mutter erlebte eine unerwartete Begegnung:

»In der Nacht nach Patricks Beerdigung ging ich schlafen, wie sonst auch. Plötzlich hörte ich die Stimme eines kleinen Kindes – sie brach auf einmal in meinen Traum ein. Da begriff ich, es war Patrick. Ich konnte ihn zwar nicht sehen, aber er schien wirklich hier zu sein. Ich hatte den Eindruck, dass er sagte: ›Ich gebe dir eine Botschaft. Sag Mama und Papa, es geht mir gut. Sie sollen wissen, dass ich in Sicherheit bin. Ich weiß, sie sind sehr traurig, aber sag ihnen, sie sollen meinetwegen nicht weinen.‹ Das alles schien irgendwie direkt in meine Gedanken einzudringen. Kurz darauf fuhr ich ein paar Wochen weg, doch der Traum ging mir nicht aus dem Sinn. Sechs Wochen später war er wie immer noch ganz lebhaft in Erinnerung. Dann kam eines Tages Patricks Mutter Debra zu mir. Ich erzählte ihr, dass Patrick mich besucht hatte, und sie hörte mir gespannt zu. Sie sagte, genau das habe sie hören wollen. Es gab ihr etwas, an dem sie sich festhalten konnte, und für Patricks Eltern blieb es ein großer Trost.«[54]

Es erfordert manchmal großen Mut, eine empfangene Botschaft dem Betroffenen mitzuteilen. Die Erlebenden ahnen manchmal gar nicht, welche Bedeutung derartig tröstliche Worte für Eltern haben können. Manchmal müssen wir nur unsere Angst überwinden, für merkwürdig oder komisch gehalten zu werden, um eine Nachtoderfahrung anderen mitzuteilen. Wenn Sie stellvertretend eine solche Botschaft erhalten, ist es wichtig, die Einzelheiten genau aufzuschreiben. Was Ihnen vielleicht als unbedeutend erscheint, kann für einen anderen von großer Wichtigkeit sein.

6. Kapitel

Nachtodkontakte in der Psychotherapie

In der Beratung und Psychotherapie Trauernder war es bis vor einigen Jahren üblich, die Verbindung zum Verstorbenen endgültig zu lösen. Das erklärte Ziel war, die Verstorbenen loszulassen, damit sich emotionale Bindungen auflösen können und der Trauernde sich dadurch dem Leben neu zuwenden kann. Dabei wurde zum einen geleugnet, dass die Verstorbenen sich mit uns in Verbindung setzen können und andererseits die Tatsache verkannt, dass Liebe ewig ist und über den Tod hinaus bestehen bleibt.

Sigmund Freud prägte das vorherrschende wissenschaftliche Verständnis von Trauer. Sie wurde als psychische Arbeit angesehen, was später den Begriff Trauerarbeit prägte. Freud sprach von einer »Ablösung der Libido«, was nichts anderes als Loslassenmüssen bedeutet, um zu einer neuen emotionalen Freiheit dem Verstorbenen gegenüber zu kommen. Demnach ist der Trauerprozess erst dann abgeschlossen, wenn das geforderte Loslassen erfolgt ist.

Dieses widerspricht jedoch der inneren Natur des Menschen, da Liebe nicht losgelassen werden kann und sich lediglich die Form der Beziehung wandelt. Wenn der Verstorbene ein Teil der Innenwelt geworden ist, kann diese Aufrechterhaltung der Verbindung als völlig normal angesehen werden. Durch Nachtodkontakte erfahren viele Menschen die allgegenwärtige und allumfassende bedingungslose Liebe als Teil ihrer Innenwelt, was das Vertrauen in das Leben stärkt.

182

Neue Wege zur Heilung der Trauer

Allan Botkin entwickelte Mitte der 1990er-Jahre ein neues Verfahren zur Trauer- und Traumabewältigung: IADC, »Induced After Death Communication«, was auf Deutsch so viel heißt wie eingeleitete Nachtodkommunikation. Botkin arbeitete mit schwer gestörten Kriegsveteranen und verwendete die EMDR-Traumatherapiemethode. Dabei wird durch Augenbewegungen, die therapeutisch angeleitet werden, eine Verbindung zwischen dem Klienten und seinem innerseelischen Trauma hergestellt.

Während der Sitzung eines Kriegsveteranen, der durch den Tod eines kleinen vietnamesischen Mädchens, das er adoptieren wollte, nie hinweggekommen war, kam es zu Botkins großer Überraschung zu einem Nachtodkontakt. Der Mann berichtete unter Tränen:

»Als ich meine Augen schloss, sah ich Le als wunderschöne Frau mit langem schwarzem Haar in einem weißen Gewand; sie war von einem strahlenden Licht umgeben. Sie erschien mir glücklicher und zufriedener als alle Menschen, die ich kenne. Sie dankte mir, dass ich mich vor ihrem Tod ihrer angenommen hatte. Ich sagte, ich liebe dich, Le, und sie antwortete, ich liebe dich auch, Sam. Und dann umarmte sie mich. Danach verschwand sie wieder.«[55]

Sam erfuhr eine bemerkenswerte Erleichterung von den sich aufdrängenden Bildern. Seine Ängste und Depressionen, die ihn achtundzwanzig Jahre lang im Griff hielten, lösten sich auf. Seine Trauer war von da an verschwunden.

Es ist nicht das erklärte Ziel einer IADC-Therapie einen Nachtodkontakt zu bewirken. Das Vorgehen führt jedoch zu einer empfänglichen Haltung, die Verbindung zu einem Verstorbenen spontan erfahren zu können. Wichtig zu wissen ist es, dass es zu einer Wiederbegegnung kommen kann, was aber längst nicht immer geschieht. Der Trauernde muss bereit sein, sich seinem Schmerz zu stellen und sich dem inneren Geschehen anzuvertrauen.

Die Begegnung mit dem Verstorbenen findet unabhängig von Therapeuten statt, überraschend und plötzlich. Das ist ein Indikator dafür, dass auch in der psychotherapeutischen Arbeit die Nachtodkontakte vom Verstorbenen ausgehen. Botkin machte durch die Arbeit mit seinen Klienten folgende Entdeckungen:[56]

- Nachtodkontakte während der IADC-Therapie sind unabhängig vom Glauben oder der Religionszugehörigkeit. Sie werden auch nicht durch das Glaubenssystem des Therapeuten beeinflusst.
- Die Erfahrungen können bei schwerer Trauer ebenso auftreten wie bei Hinterbliebenen, die nur wenig unter einem Verlust leiden.
- Die Therapie sollte nicht direkt nach einem Verlust erfolgen, sondern erst nach einem Jahr.
- Es gibt keine erforderlichen mentalen oder psychischen Voraussetzungen, da jeder eine solche Therapie machen kann.
- Das einzige Hindernis sind festgefahrene Vorstellungen darüber, wie der Himmel aussieht, oder die Erwartung, was der Verstorbene sagen soll. Das kann das natürliche Auftreten eines Nachtodkontaktes blockieren. Es geht darum, alle Erwartungen loszulassen und den Raum zu öffnen für das, was geschehen mag.
- Es ist möglich, durch einen induzierten Nachtodkontakt einen längeren Prozess anzustoßen, damit die Lösung und Heilung bewusst erfahren werden kann.
- Die Kommunikation ist manchmal verbal, meist aber jenseits von Worten, also telepathischer Natur.

184

Aussöhnung mit Verstorbenen

Die psychotherapeutisch herbeigeführten Nachtodkontakte haben sich in besonderer Weise als eine große Hilfe für Menschen erwiesen, die den Tod von anderen herbeigeführt haben oder als Täter schuldig geworden sind. Durch ihre Bereitschaft, sich mit ihrer tiefen Traurigkeit und tief sitzenden Schuldgefühlen auseinanderzusetzen, konnte in vielen Fällen eine tief gehende Heilung erzielt werden. Dabei bestätigte sich in besonderer Weise, dass Vergebung denjenigen heilt, der vergeben kann.

Das Leben ohne jede Vergebung ist eine wesentlich größere Herausforderung als der Tod und alles, was danach ist. Wenn alte Verletzungen nicht losgelassen werden, entsteht eine Schwere, die wir uns selbst auferlegen. Depressionen, Angstzustände und das ständige Kreisen in der Vergangenheit sind die Folge. Verzeihenkönnen ist in seinem tiefsten Kern bedingungslose Liebe durch die Akzeptanz des anderen, wie er ist, aber auch Selbstannahme und Selbstvergebung sind in diesem Prozess unausweichlich.

Viele heilsame Nachtodkontakte, ob therapeutisch bedingt oder spontan erlebt, sind Beispiele dafür, dass Verstorbene vergeben oder um Vergebung bitten. Die Erfahrung, sich mit einem Verstorbenen wiederverbunden zu haben, führt zu einem Gefühl von Liebe und Vergebung. Schuldgefühle ruinieren das Leben vieler Menschen, weil sie ihrer Überzeugung nach unverzeihlich gehandelt haben. Verstorbene sind in besonderer Weise reumütig und entschuldigen sich. Sie übernehmen die Verantwortung für ihr Handeln und bitten um Vergebung.

Die IADC-Therapie hat gezeigt, dass es in fast allen Fällen zum Verzeihen kommt und der selbstzerstörerische Hass nachlässt. Wer einem anderen vergeben kann, der grausam zu ihm gewesen ist, eröffnet sich einen Zugang zum eigenen Mitgefühl und seiner Menschlichkeit. Wenn sich Traurigkeit, Angst, Ärger oder Schuld auflösen durch eine Nachtodbegegnung, bleibt das Mitgefühl. Nur Vergebung heilt.

Es geht immer wieder auch darum, einem Verstorbenen vergeben zu können, der als Täter großes Leid verursacht hat. Wie kann ich beispielsweise einem Vater vergeben, der mich als Kind über Jahre sexuell missbraucht hat mit der Folge schwerer emotionaler Störungen, von Selbsthass und gleichzeitigen Schuldgefühlen? Jeder vernünftige Mensch würde meinen, dass Derartiges unverzeihlich ist. In der IADC-Sitzung wird die Wiederbegegnung, unabhängig davon, wie schwer ein Trauma war, als Befreiung von Hass und Groll erlebt.

Heilung kann erfolgen, wenn der Verstorbene Reue zeigt, sich entschuldigt, die Verantwortung für sein Handeln übernimmt und um Vergebung bittet. Nur Vergebung versöhnt Opfer und Täter.

Ich möchte an dieser Stelle einen sehr bewegenden Fall schildern. Christopher und seine beiden Schwestern wurden in ihrer Kindheit von ihrem Vater misshandelt und missbraucht. Seine Schwester Jill nahm sich als Jugendliche das Leben, die andere, Fran, kurz vor Beginn einer Therapie. Christopher litt unter Albträumen und wollte sterben. In der ersten Sitzung begegnete er Fran.

»Ich habe in meinem Geist meine Schwester gesehen. Sie sah sehr glücklich aus. Ich habe sie nie glücklich gesehen. Sie sagte, ihre Selbsttötung tue ihr leid, weil sie wisse, wie mir das zusetzte. Dann sagte sie etwas Wunderbares: ›Gib nicht auf. Mutter und Jill sind hier und es geht ihnen gut. Was auch immer du tust, nehme dir nicht das Leben. Gib nicht auf.‹«[57]

Kurz nach dieser Sitzung erlebte Christopher einen spontanen Nachtodkontakt mit seinem Vater, der ihn um Vergebung bat. Christopher wurde durch seine Angst aufgeweckt. Nach die-

186

sem Erlebnis war er bereit, sich seiner tiefen Wut und Traurigkeit zu stellen, und trat seinem Vater gegenüber.

»Erst habe ich ihn weggestoßen. Ich konnte es nicht ertragen, in seiner Nähe zu sein. Ich schaute ihn an, und es war ganz komisch. Mein Vater sah sehr besorgt aus. Ich spürte deutlich, er wusste, wie sehr er mich und meine Schwestern verletzt hatte. Nach meinem Empfinden tat es ihm wirklich leid. Und das habe ich das allererste Mal bei ihm wahrgenommen. Er sagte immer wieder, es tue ihm leid. Wissen Sie, ich hatte das Gefühl, er bedauert es wirklich. Er sagte, das solle keine Ausrede sein, aber er habe so gehandelt, weil sein Vater ihn auch so behandelt habe. Was er uns angetan hat, das finde ich weiterhin ganz und gar nicht in Ordnung, aber ich fühle mich jetzt wirklich anders – als ob ich ihm vergeben könnte.«[58]

Nach eigenen Angaben fühlte sich Christopher nach mehreren IADC-Sitzungen wesentlich besser. Die quälenden Erinnerungen, Albträume und Suizidgedanken waren verschwunden.
Wir können die Vergangenheit nicht ändern, wir können sie nur so akzeptieren, wie sie war, um mit dem Geschehenen ins Reine zu kommen. Vergebung ist stets der Schlüssel dafür, Dinge, die uns quälen, aufzulösen. Solange wir einem Verstorbenen gegenüber negative Gefühle empfinden, sind wir auf ungute Weise weiter mit ihm verbunden.
Um eine Sache in der Vergangenheit zu einem Abschluss zu bringen, ist es von großer Wichtigkeit, den anderen so anzunehmen, wie er wirklich war. Dazu gehören seine Fehler und Schwächen, selbst wenn noch so viel Leid daraus entstanden ist. Wut und Groll verstellen den Blick auf die Wahrheit, blockieren die Trauer und ziehen im eigenen Inneren stets negative Gedanken nach sich. Die Vergangenheit lässt sich nicht mehr verändern, noch können Dinge, die getan oder gesagt wurden, rückgängig gemacht werden.

187

Wir sind manifestierte Geschöpfe der göttlichen Liebe, um gemeinsam die bedingungslose Liebe auf der Erde zu verwirklichen. Liebe hegt keinen Groll gegen irgendwen. Alles, was verletzt, unabhängig davon, ob als Opfer oder Täter, ist keine Liebe, da Verletzungen stets nur neue Verletzungen nach sich ziehen. Liebe stellt keine Bedingungen und ist von ihrem Wesen her rein und klar.

Vergebung suchen

Wer wirklich Vergebung sucht, wird von Traurigkeit und Schuldgefühlen geplagt. Allan Botkin berichtet, dass derartige Gefühle notwendiger Ausgangspunkt für therapeutische Nachtodbegegnungen sind. Wenn sich jemand wirklich schuldig fühlt für das, was er einem anderen angetan hat, zeigen das Trauer und Mitgefühl für den Verstorbenen.

Sobald es in einer eingeleiteten Nachtodbegegnung zum Verzeihen kommt, lösen sich Angst, Wut, Schuld und Traurigkeit auf und führen zu einem tiefen Mitgefühl, dem Fundament des menschlichen Wesens. Vergebung heilt, da sie ein Akt der Liebe ist.

Das ist der Weg, der von jedem Menschen nach seinem Tod beschritten wird: Um in die Liebe zu erwachen, schauen wir der eigenen Wahrheit ungeschminkt ins Gesicht. Das ist ein Akt höchster Selbsterkenntnis. Durch das Erkennen unserer Fehler und der Konfrontation mit den Auswirkungen unserer Gedanken, Worte und Taten finden wir durch aufrichtiges Bedauern Vergebung, aber auch Selbstvergebung für eigene Unterlassungen oder Charakterschwächen.

Jede Aussöhnung und Bereinigung von Schuld beginnt mit dem Blick in den eigenen Spiegel. Alle Konflikte unseres Lebens und alle Beziehungsschwierigkeiten bedingen sich gegenseitig. Langjährige Auseinandersetzungen oder Streitereien mit einer Person oder der Familie geschehen weder zufällig noch durch die Schuld eines anderen. Jeder Beteiligte trägt dazu bei. Deswegen ist es überaus wichtig, den eigenen Anteil an den Problemen unseres Lebens zu erkennen.

Es geht weniger um Schuld oder Versagen, die allzu schnell auf einen anderen projiziert werden, sondern um die Erkenntnis, selbst zu einem Konflikt beigetragen zu haben. Sie ist immer der erste Schritt zur Aussöhnung. Sobald Achtung oder Respekt vor dem anderen schwinden, ist das immer ein Warnhinweis, dass im Gefälle einer Beziehung oder Freundschaft etwas grundlegend nicht stimmig ist.

Wir werden dann herausfinden, dass Erwartungshaltungen aufeinanderprallen, die nicht länger mit eigenen Vorstellungen im Einklang sind. Wir sind dann nicht in der Annahme des anderen, wie er ist. Dadurch fällt so manches böse Wort, was wir später bedauern, gesagt zu haben, und das sich nur durch die Bitte um Vergebung auflösen lässt. In einem solchen Fall können wir uns folgende Fragen stellen:

- Warum habe ich meine Achtung und den Respekt dem anderen gegenüber verloren?
- Welche Erwartungen habe ich an den anderen und welche hat er? Wer sich damit auseinandersetzt, wird die Erfahrung machen, dass durch die Bereinigung und Erkenntnis der eigenen Erwartungen so manches Problem gelöst werden kann.
- Wie habe ich mich selbst einem anderen gegenüber verhalten?
- Was habe ich zu den Konflikten beigetragen, dass sie sich ständig wiederholten?
- Warum hat der andere eine so große Macht über mich, dass er mich immer wieder verletzen konnte?

189

Aus den Sterbeprozessen wissen wir, dass die ungelösten Dinge unseres Lebens an die Oberfläche des Bewusstseins treten. So mancher Sterbende sehnt sich noch in den letzten Lebenstagen nach Aussöhnung, da er nun erkennt, einen anderen zu Unrecht verletzt zu haben.

Im Angesicht des bevorstehenden Todes ist der Wunsch nach Aussöhnung ein besonders dramatisches Geschehen, da es davon abhängig ist, ob auch der andere vergeben kann. Der Sterbeprozess vermag jedoch so manche Verhärtungen aufzuweichen.

Vergebung seitens der Verstorbenen

So mancher Hinterbliebene fühlt sich einem Verstorbenen gegenüber schuldig und hat es dadurch in seiner Trauerbewältigung besonders schwer. Das Gefühl, ihm etwas angetan oder unterlassen zu haben, belastet enorm. Nach dem Tod fehlt das Gegenüber, um die noch offenen Punkte bereinigen zu können. Doch bleiben wir durch unsere Liebe mit den Verstorbenen verbunden. Es ist uns möglich, uns in Gedanken mit einem Verstorbenen in Verbindung zu setzen und all die Dinge, die uns belasten, zum Ausdruck zu bringen.

In den von Allan Botkin eingeleiteten Nachtodkontakten hat sich eindeutig gezeigt, dass Verstorbene alle Verfehlungen und Unterlassungen vergeben, selbst wenn Hinterbliebene der festen Überzeugung waren, dass Derartiges nicht möglich sei, da die Schuld viel zu schwer wiege.

Viele Menschen entwickeln Schuldgefühle, wenn sie im Augenblick des Todes eines geliebten Angehörigen nicht anwesend waren.

Linda war untröstlich, dass sie sich nicht von ihrer sterbenden Großmutter verabschieden konnte. Sie hatte das Gefühl, nicht da gewesen zu sein, als ihre Großmutter sie am dringendsten gebraucht hat. Linda glaubte, dass ihre Großmutter einsam und unter Schmerzen gestorben sei. In der IADC-Therapie gelang es ihr, durch eine Wiederbegegnung ihre quälenden Schuldgefühle aufzulösen.

»Ich sehe Großmutter, aber sie ist jung und gesund. Sie ist vollkommen zufrieden und glücklich. Sie sagt mir, sie sei im Schlaf friedlich gestorben und ich bräuchte mich wegen nichts schuldig zu fühlen. Ich habe auch ihre wirkliche Präsenz gespürt, es war mehr als nur Worte. Großmutter sagte: ›Ich liebe dich, Linda.‹ Ich konnte ihre Liebe zu mir spüren. Sie sagte, sie sei stolz auf mich und glücklich über die Veränderung, die ich kürzlich in meinem Leben vollzogen habe. Doktor Botkin, sie erwähnte Dinge, die mir seit ihrem Tod widerfahren sind. Sie war wirklich bei mir.«[59]

Durch die Begegnung mit ihrer Großmutter waren alle Gefühle von Schuld und Trauer bei Linda verschwunden. War sie zunächst sehr skeptisch gewesen, dass eine derartige Begegnung nach dem Tod überhaupt möglich ist, hatte ihre Großmutter ihr eindeutige Hinweise geben können, dass sie nach wie vor an ihrem Leben teilhat.
In einem anderen sehr berührenden Fall geht es um Mark, einen jungen Mann, der einen schweren Autounfall verursacht hatte, bei dem eine ganze Familie, Mutter, Vater und Tochter, ums Leben kam. Mark litt viele Jahre unter massiven Schuldgefühlen, war depressiv und suizidgefährdet. Er war der Meinung, dass niemand ihm je verzeihen könne. Schließlich landete er bei Allan Botkin, der einige Sitzungen mit ihm durchführte. Mark schildert seine Gefühle bei der Wiederbegegnung mit der Familie.

»Ich kann sie sehen. Es ist die Familie mit dem kleinen Mädchen. Sie stehen beieinander und lächeln. Sie sehen glücklich

191

und friedlich aus. Sie sagen mir, es gefalle ihnen sehr gut dort, wo sie seien. Ich kann jeden Einzelnen ganz deutlich sehen, vor allem das Mädchen. Es steht vor seiner Mutter und seinem Vater. Es hat kurze rote Haare, Sommersprossen und ein wunderbares Lächeln. Ich sehe seinen Vater herumlaufen, als ob er mir zeigen wolle, dass er gehen kann. Ich bekomme von ihm das Gefühl, er sei richtig glücklich, dass er sich jetzt frei bewegen kann. Denn vor seinem Tod hatte er multiple Sklerose gehabt. Ich sagte ihnen: ›Was geschehen ist, tut mir leid, und ich bin sehr traurig darüber.‹ Danach hörte ich sie ganz deutlich sagen, sie hätten darauf gewartet, was ich zu sagen hätte, und dann vergaben sie mir.«[60]

Mark hatte das Gefühl, dass eine schwere Last von ihm genommen wurde. Er konnte sein Leben verändern und seine schweren Schuldgefühle lösten sich auf. Da er sich nach dem Unfall die Zeitungsberichte nicht anschauen konnte, ließ er sich nach dieser Sitzung die alten Zeitungsausschnitte über den Unfall heraussuchen. Er fand eine Fotografie des Mädchens mit den roten Haaren. Ebenfalls stand in dem Zeitungsartikel, dass der Mann tatsächlich multiple Sklerose gehabt hat.

Induzierte Nachtodkontakte bei Kriegveteranen

Kriegveteranen, die Feinde oder Zivilisten getötet haben oder die einen Angriff überlebten, bei dem alle anderen Kameraden gestorben sind, erleben häufig durch die herbeigeführte Nachtodbegegnung das Ende ihrer Schuld. Im Trauma eines Gefechtes wird aus Wut und Hilflosigkeit der Feind entmenschlicht. Wut wiederum verdeckt die belastenden Grundgefühle von Angst und Traurigkeit. Diese Bewusstwerdung tritt bei vielen erst im Laufe vieler Jahre in Erscheinung. Dann werden

192

aus Rachegedanken und Schuldgefühlen echte Trauer und echtes Bedauern. Die Erinnerung an das Töten eines Menschen verändert sich und aus der Maske der Entmenschlichung tritt plötzlich der Familienvater, der seine Kinder nie aufwachsen sah, an die Oberfläche des Bewusstseins.

Mike war kurz vor seinem Kampfeinsatz nach Vietnam gekommen und wurde sofort in ein großes Gefecht verwickelt. Ein junger Vietcong kam auf ihn zugerannt, Mike blickte in sein Gesicht und erschoss ihn. In dem Moment fühlte er sich beschwingt und als Herr des Schicksals. Erst als er nach Hause zurückgekehrt war, litt er unter ständigen Albträumen. Fünfunddreißig Jahre lang sah er das Gesicht des Jungen in seinen Träumen. Mithilfe der IADC-Therapie hörten seine Albträume schlagartig auf.

»Ich sehe ihn, den jungen Burschen, den ich getötet habe, doch das Gesicht sieht nicht so aus wie im Vietnamkrieg und in meinen Albträumen. Ich sehe ihn glücklich lächeln. Er teilte mir mit, er sei sehr zufrieden, da, wo er jetzt sei, und er verstehe, dass ich tun musste, was ich tat.«[61]

Mikes Albträume hörten schlagartig auf, und er spürte fortan eine tiefe geistige Verbindung zu dem von ihm getöteten jungen Mann.

Die unterschiedlichen Fallbeispiele belegen, dass Handlungen vergeben werden, die unverzeihlich zu sein scheinen. Jahrelange traumatische Reaktionen und Belastungen heben sich durch die innere Wiederbegegnung mit einem Verstorbenen auf. Das führt in befreiender Weise zu innerem Frieden und schenkt die Kraft, den tief sitzenden Schmerz zu verarbeiten.

Der Vietnamveteran Tucker erlebte, dass sehr viele seiner Kameraden zerfetzt wurden. Bei seinem letzten Einsatz rastete er aus Wut darüber dermaßen aus, dass er einen Greis und einen kleinen Jungen erschoss. Die Bilder seiner Tat, die angstvollen

Blicke der beiden Menschen gruben sich über dreißig Jahre in seine Erinnerung ein. Er entwickelte heftige Schuld- und Schamgefühle und versuchte mehrfach, sich das Leben zu nehmen. Schließlich begegnete er den beiden in einer Sitzung. Der alte Mann fragte ihn, warum er so wütend gewesen sei, und er erinnert sich, dass er kurz zuvor die Leichen von etlichen seiner Kameraden gefunden hatte, die zudem noch gefoltert worden waren. Die Wut darüber schirmte ihn von seiner Trauer ab, und er schwor Rache. Dann sprach er mit beiden Opfern.

»Ich habe es ihm gesagt. Doch es war so, als wüsste er es bereits. Lächelnd sagte er, er könne mich verstehen, weil er wisse, dass mein Herz weine. Er sagte, er vergebe mir. Dann tauchte der Junge auf. Er sagte, auch er verstehe meinen Schmerz und auch er vergebe mir.
Vielleicht können die mir ja vergeben, dachte ich, aber ich selbst kann es mir nicht verzeihen. Daraufhin haben sie mir gesagt: ›Wenn wir dir vergeben können, dann kannst du dir sicher auch selbst vergeben.‹ Ich spüre wirklich, dass sie in Frieden und glücklich sind, deshalb kann ich loslassen.«[62]

Die Erfahrungen beinhalten die tröstliche Gewissheit, dass die Verstorbenen in einer besseren und schöneren Welt weiterleben und den Patienten unverletzt gegenübertreten.
Erik hat im Krieg einen Jungen erschossen und begegnet ihm in einer wunderbaren Landschaft mit Hügeln, Bäumen und Gras. Alles ist unbeschreiblich schön, und es herrscht ein tiefes Gefühl von Frieden. Selbst wenn jemand nicht an ein Leben nach dem Tod glaubt, löst sich die Trauer durch die Wiederbegegnung und der Vergebung seitens des Verstorbenen.
Die Betroffenen wissen dann, dass bei allem Leid, das sie ihren Opfern zugefügt haben, es diesen jetzt gut geht. Der Tod ist die größte Illusion des Menschen, da verkannt wird, dass der

Kern, die Essenz eines Individuums unzerstörbar ist. Verstorbene haben einen größeren Einblick in das übergeordnete Ganze und erkennen dadurch die Notwendigkeit, verzeihen zu müssen oder um Vergebung zu bitten, wenn sie Frieden und Aussöhnung bewirken wollen. Nur die Macht der Liebe und des wahrhaftigen Mitgefühls vermag alle Wunden zu heilen. Und irgendwann werden sie bei jedem geheilt.

7. Kapitel

Bedeutung der Nachtodkontakte für unser Leben

Ein Nachtodkontakt wirkt sich in den allermeisten Fällen äußerst positiv auf einen Erlebenden aus. Das ist verbunden mit der tröstlichen Gewissheit, dass die Verstorbenen nach wie vor um uns sind, dass es keine Trennung zwischen dieser und der anderen Welt gibt und Liebe für immer weiter besteht. Die Betroffenen wissen dann aus eigener Anschauung, dass das Fortleben nach dem Tod Realität ist. Eine derartige Erfahrung vermag die Ängste vor dem Tod für immer aufzulösen.

Alte Denk- und Glaubensmuster werden infrage gestellt oder sie zerbrechen. Trauernde erfahren durch Nachtodkontakte einen tiefen Wandel in ihrer Persönlichkeit, da alte Blockierungen und Ängste nicht länger existieren. Sie erkennen, dass wir als Menschen in ein höheres göttliches Sein eingebunden sind, in dem Verstorbene und Lebende ihren Platz haben. Viele werden durch ein solches Erlebnis in einem Maße mit geistiger Energie erfüllt, die vorher nicht für möglich gehalten wurde.

Dahinter liegt die tröstliche Erkenntnis, durch Liebe immer mit den Verstorbenen verbunden zu sein, wo immer sie sich auch aufhalten mögen. Liebe ist die einzige Wirklichkeit und eine Einheit, in der wir von niemandem mehr getrennt sind. In der Ewigkeit der geistigen Welt existiert weder das Ego noch die menschliche Persönlichkeit. Die polare Welt der Gegensätze, wie wir das ein Leben lang erfahren, im ständigen Konflikt des Gespaltenseins zwischen Gut und Böse, ist in der Welt des Lichtes aufgehoben.

196

Wenn wir uns die Gesamtheit der dargestellten Fallbeispiele anschauen, unabhängig von den Formen, wie sie erlebt werden, so lässt sich die Aussage treffen, dass es den meisten Verstorbenen sehr gut geht. Sie haben ein liebevolles Verständnis auch für ihre eigenen Schwächen und erscheinen als ganz und heil, unabhängig von vorangegangenen Leiden, seien sie psychischer oder physischer Natur.

In unzähligen Berichten wird beschrieben, wie sich eine innere Wärme und eine Art bedingungslose Liebe durch die Gegenwart eines Verstorbenen von innen nach außen ausbreitet. Liebe kann nicht manipuliert werden, und wir können derartige Gefühle nicht selbst herstellen. Sie sind ein Zeichen für die Echtheit eines Nachtodkontaktes, der stets von einem spezifischen Verstorbenen ausgeht.

Deswegen ist es für die große Mehrheit derjenigen, die einen Kontakt erlebt haben, ein einschneidendes reales Erlebnis, das niemals vergessen wird. Manche empfinden es als ein intimes und kostbares Geschenk. Nachtodkontakte sind ein subjektiver, persönlicher Beweis dafür, dass die Verstorbenen in einer anderen Dimension weiterleben. Die Mächtigkeit und Nachhaltigkeit einer derartigen tiefen geistigen Erfahrung vermag das bisherige Glaubenssystem des Erlebenden von einem Tag auf den anderen verändern. Das Leben an sich wird als unvergänglich betrachtet und kann daher aus einer völlig neuen Perspektive gesehen werden.

Wissenschaftliche Studien haben aufgezeigt, dass Begegnungen mit dem Jenseits in einem winzigen Zeitfenster von einigen Sekunden oder wenigen Minuten zu einer Persönlichkeitsveränderung führen, die normalerweise in einem therapeutischen Prozess erst nach Monaten oder gar Jahren eintritt. Tiefer Schmerz und Kummer lösen sich auf und die Trauerarbeit wird erleichtert. Selbst schwere Depressionen verschwinden über Nacht. Die Auswirkungen sind ähnlich, wie sie auch nach einer Nahtoderfahrung beschrieben werden.

197

Jede Trennung ist nur vorübergehend. Die geschilderten Erfahrungen zeigen, dass wir unseren geliebten Verstorbenen wiedersehen werden. Darauf machen uns auch die zahlreichen vortodlichen Erfahrungen der Sterbenden aufmerksam und die vielfältigen Phänomene, die im Augenblick des Todes eines Menschen auftreten. Die spontan auftretenden Kontakte mit Verstorbenen konfrontieren uns mit der Tatsache, dass der individuelle Wesenskern eines Menschen auch nach dem Tod erhalten bleibt, da ein Verstorbener eindeutig identifiziert werden kann.

Nachtodkontakte sind eine empirisch belegbare Tatsache, die sich durch alle Zeiten und Kulturen zurückverfolgen lässt. Manche Menschen erleben andauernde und intensive Beziehungen mit ihren Verstorbenen, wogegen andere immer wieder um ein Zeichen bitten, aber keines bekommen. Wir wissen nicht, warum das so ist, doch die Kontakte werden von den Verstorbenen herbeigeführt und können nicht von uns manipuliert werden.

Das Erleben von Nachtodkontakten hat auch mit der Empfänglichkeit des Einzelnen für die auftretenden Energien oder Schwingungen zu tun. Tiefe Trauer, Bitterkeit, Wut oder Angst verhindern, die Präsenz eines Verstorbenen wahrzunehmen. Jeder Kontakt ist ein Geschenk, das in der schweren Zeit nach dem Verlust eines geliebten Menschen Licht, Hoffnung und neuen Lebensmut zu spenden vermag.

Der Tod eines Nahestehenden kann einen Schockzustand hervorrufen, sodass Angehörige nicht in der Lage sind, die Energie oder Gegenwart eines Verstorbenen zu spüren. Sie sind häufig wie gelähmt und aufgewühlt, wodurch sich ihr Geist verschließt, und sie taub werden für die heilsamen Energien eines Verstorbenen. Die meisten Hinübergegangenen versuchen den Angehörigen ein Zeichen zu geben, um Trost, Liebe und Heilung zu vermitteln.

Es wird vermittelt, dass aus der geistigen Welt der Zeitlosig-

198

keit und der Gleichzeitigkeit allen Geschehens es nur eine kurze Weile dauert, bis wir mit den Verstorbenen wiedervereint sind. Alle vorliegenden Berichte lassen eindeutig den Schluss zu, dass es keine Strafe oder Verdammnis für die Fehler oder Versäumnisse unseres Lebens gibt. Das sind rein menschliche Projektionen von Gut und Böse aus der Sichtweise der irdischen Polarität, die allerdings mit dem Erwachen in die Liebe nach dem Tod nicht das Geringste zu tun haben.

Es verhält sich eher so, dass die Verstorbenen geheilt werden von den Irrtümern und Fehlern ihres Lebens. Sie strahlen eine neue Art von Mitgefühl aus, das sie so auf Erden nicht gelebt haben. Da sie durch die Rückschau einen Gesamtüberblick ihres tatsächlich gelebten Lebens erhalten, erkennen sie nicht nur ihre eigenen Schwächen und Fehler, sondern auch die der anderen, mit denen sie verbunden sind. Daraus resultiert die Bitte um Vergebung und andererseits das grundsätzliche Verzeihen den Lebenden gegenüber.

Wir können aus diesen Gesamtzusammenhängen erkennen, dass jeder für sich selbst verantwortlich ist und dass wir hier sind, um an den Umständen, Fügungen, Verlusten oder Alltagssituationen seelisch und geistig zu wachsen, um die universale Botschaft der Liebe zu leben, um immer mehr Liebe zu sein.

In unseren Konflikten und Problemen mit anderen Menschen durch Ängste und Sorgen, die zu Wut, Hass und Blockierungen jeder Art führen, können wir uns die Frage stellen, was die Liebe tun würde? Dann werden wir erkennen, wie wichtig Vergebung und Verzeihen wirklich sind.

199

8. Kapitel

Vergebung in medialen Sitzungen

Menschen, die nach dem Tod eines geliebten Angehörigen keine wie auch immer gearteten Zeichen von ihren geliebten Verstorbenen bekommen, wenden sich in ihrer Verzweiflung häufig an ein Medium, um einen Kontakt mit der anderen Welt herstellen zu lassen. Unter dem Begriff Medium wird eine Person verstanden, die durch Hellhörigkeit, Hellfühligkeit oder Hellsichtigkeit imstande ist, einen direkten Kontakt zur geistigen Welt herzustellen.

Die Geschichte zeigt, dass es zu allen Zeiten, in allen Religionen und Kulturen Menschen gegeben hat, die über die Fähigkeit verfügen, Kontakte mit Verstorbenen und der Jenseitswelt herzustellen. In den letzten Jahren sind viele Menschen offener für diese Art der Kontaktaufnahme geworden. Es gibt eine Vielzahl von Biografien zeitgenössischer Medien, in denen sie nicht nur ihre Arbeit beschreiben, sondern in denen der faktische Kontakt mit der Seele eines Verstorbenen das Hauptthema ist.

Wer das jemals erlebt hat, weiß, dass das Leben nach dem Tod Realität ist. Wie in den Nachtodkontakten werden in medialen Sitzungen die persönlichen Eigenarten eines Verstorbenen ebenso evident, wie die Erfahrung gemacht wird, dass die Verstorbenen über ein Wissen um unsere derzeitigen Gefühle, Probleme und Lebensereignisse verfügen. Das zeigt einmal mehr, dass sie sich viel öfter, als wir das annehmen, in unserer Gegenwart aufhalten und nach wie vor Anteil an unserem Leben nehmen.

Da viele Menschen verleugnen, dass es ein Leben nach dem Tod geben könnte, wurden Medien zu allen Zeiten entweder nicht ernst genommen oder gar gefürchtet. Natürlich gibt es

Scharlatane auf dem Markt der esoterischen Eitelkeiten, die Kontakte mit dem Jenseits nur vortäuschen. Das sollte uns jedoch nicht die Augen vor den echten medial begabten Menschen verschließen lassen. Die Hauptaufgaben eines Mediums bestehen darin, den Hinterbliebenen in der Bewältigung ihres Verlustes und ihrer Trauer durch die Gewissheit beizustehen, dass die Verstorbenen weiter existieren.

Eines der wichtigsten wiederkehrenden Themen in medialen Sitzungen ist die Bitte um Vergebung, Reue und das Verzeihen von Schuld. Viele Verstorbene können erst dann ihren Frieden finden, wenn ihnen von den Angehörigen ihre Fehler und Schwächen vergeben werden. Paul Meek, eines der bekanntesten deutschen Medien, schreibt in seiner Biografie »Der Himmel ist nur einen Schritt entfernt« dazu:

»Durch meine Arbeit als Medium habe ich im Laufe der Jahre ungezählte Fälle unglücklicher Menschen kennengelernt, die aufgrund der großen Schwierigkeiten im familiären und Partnerschaftsbereich großen Spannungen und Aggressionen ausgesetzt waren. Da gibt es Streit und Hass zwischen Mann und Frau, Eltern und Kindern und den Geschwistern. Manchmal ist es sogar erst der Tod, der zur Versöhnung führt und den Problemen ein Ende bereitet. Einmal in der anderen Welt haben die Verstorbenen oft eine ganz andere Sicht der Dinge. Sie können jetzt die eigenen Schwächen und Fehler besser beurteilen und erkennen die Hintergründe ihrer Verstrickungen. Auch die auf der Erde Zurückgebliebenen mögen versuchen zu verstehen, zu vergessen und zu verzeihen. Es fällt ihnen jetzt leichter, das, was in der Vergangenheit geschehen ist, zu akzeptieren.«[63]

Wir können nur dann wirklich in der Liebe sein, wenn wir bereit sind, die Vergangenheit loszulassen und Unrecht, das uns angetan wurde, zu vergeben. Verzeihen beruht auf einer einzigen Entscheidung, die wir jederzeit treffen können. Es ist ein Akt der Liebe, aber auch der Eigenverantwortung, um sich vom Ballast der Vergangenheit zu befreien. Das allein beendet Hass und Groll, Wut und Angst, die uns so lange das Leben im Hier und Jetzt zur Hölle machen, bis wir sie loslassen.

James van Praagh beschreibt in seinem Buch »Und der Himmel tat sich auf« den Fall einer Frau, die in einer öffentlichen Demonstration ihre verstorbene Freundin um Vergebung bat. Die Frau fühlte sich für den Tod ihrer Freundin verantwortlich. Der Geist nennt seinen Namen und den Namen der anwesenden Frau. Das Medium beschreibt viele stimmige Einzelheiten aus dem Leben von Susan und kommt dann auf die genauen Umstände ihres Suizids zu sprechen:

»›Ihre Freundin sagt, es sei ihre eigene Entscheidung gewesen, sich umzubringen. Damals wollte sie Ihnen deswegen Schuldgefühle einjagen, aber jetzt weiß sie, dass das nicht recht war, und bittet Sie, ihr zu vergeben, Ihnen diesen Schmerz angetan zu haben. Sie lässt Ihnen sagen, sie habe nicht den Mut gehabt, die Beziehung zu Ihnen abzubrechen, und mit dem Gedanken an jemand anderen konnte sie sich nicht anfreunden, das war zu schwer für sie. Ergibt das einen Sinn für Sie?‹
›O ja. Ich verstehe. Aber ich werde mir das nie vergeben.‹
›Sie sollten aber. Sie haben nicht abgedrückt. Sie haben das Gespräch mit ihr gesucht, aber sie wollte nicht hören. Sie können nicht Gott spielen. Verstehen Sie, Ihre Freundin hat die Liebe in sich selbst nicht gefunden und nicht begriffen, dass sie etwas Besonderes war. Sie ist zurückgekommen, um Ihnen zu sagen, dass Sie keine Schuld trifft.‹«[64]

Das Gefühl versagt zu haben oder eine Situation nicht erkannt zu haben, führt zu extremen Schuldgefühlen, die ein Leben stark belasten können. Deswegen ist es umso wichtiger, derartige Dinge sofort zu bereinigen. Schuld trennt uns von anderen Menschen. Schuld und Selbstbestrafung wirken sich auf alle

202

bestehenden Beziehungen zu anderen Menschen äußerst negativ aus. Schuld kann nur geheilt werden, wenn sie der Liebe übergeben wird.

In den meisten medialen Sitzungen geht es um Aussöhnung und Auflösung der Vergangenheit und ihrer Verstrickungen. Wir werden dann einen Zustand von Erkenntnis und Frieden erlangen, wenn wir vergeben, um dadurch loszulassen. Gott verurteilt niemanden, da er Liebe ist.

Deswegen wird niemand im Prozess seiner Lebensrückschau bewertet, sondern es geht in erster Linie um die Erkenntnis der eigenen Verantwortung, um von den nicht bereinigten Dingen unseres Lebens geheilt zu werden. In der Welt der Liebe gibt es keine Strafe und Verdammnis. Deswegen können Verstorbene alles verzeihen, selbst wenn es uns als noch so unverzeihlich erscheint.

Anne Ray-Wendling beschreibt in ihrem Buch »Mein Kontakt mit dem Jenseits« sehr eindringlich, wie sie sich darüber bewusst wurde, dass sie ihrem verstorbenen Mann Jérôme verzeihen konnte. Sie fühlte seine Gegenwart immer deutlicher, will sich aber zunächst nicht darauf einlassen, da ihr Mann sie durch seinen Alkoholismus zu sehr verletzt hatte. Jérôme gibt nicht nach und schließlich wendet sie sich an ein Medium, durch das er Folgendes vermittelt:

»Meine Freude über deine Anwesenheit hier ist groß. Verzeihung. Verzeihung für den niedrigen Geist, der meinen Körper besessen hat. Von ganzer Seele bitte ich dich um Verzeihung für alles, was ich dich durchmachen ließ. Verzeihung für das Leid, das ich dir angetan habe. Ich war nicht bei Bewusstsein. Meine Seele war völlig durch meinen Geist erstickt. Als ich plötzlich ging, hatte ich große Mühe, mich zu befreien, denn ich verstand nicht, was mir geschah, aber du, meine Liebe, ja, denn ich darf dich noch so nennen, dich muss ich für meine Gewalttätigkeit um Verzeihung bitten.«[65]

Anne erhält im weiteren Sitzungsverlauf sehr konkrete Hinweise und Szenenbeschreibungen aus ihrem gemeinsamen Leben. Es wühlt sie sehr auf und schließlich erreicht sie den Punkt, an dem sie Jérôme vergeben kann. Sie überwindet ihre engstirnige Geisteshaltung und Jérôme reagiert mit großer Dankbarkeit:

»Danke, o danke! Durch deine Vergebung bin ich frei, ich werde aufsteigen können. Wir werden gemeinsam wachsen können, denn du bist gerade durch die Aufrichtigkeit deiner Vergebung gewachsen. Meine Schwingungen werden sich ändern. Ich werde über dich und unsere Kinder wachen können. Wir müssen uns Gedanken der Liebe übermitteln, Gedanken, die uns helfen aufzusteigen, da sie als Regen der Liebe wieder auf euch herabfallen.«[66]

Das ist ein außergewöhnliches Beispiel dafür, was in zahllosen Sittings von Medien beschrieben wird, in denen Angehörige und Verstorbene gemeinsam Fortschritte in ihrer geistigen Entwicklung durch Vergebung und Loslassen der Vergangenheit erreicht haben. Auch nach einem Suizid wird der ewige Fortschritt nicht verwehrt. Die Betroffenen befinden sich nicht in einer Vorhölle, sondern versuchen zu verstehen, warum sie so etwas getan haben. Aus den gut dokumentierten medialen Sitzungen lässt sich der Schluss ziehen, dass Suizidanten Verständnis und Hilfe entgegengebracht wird und dass sie sich in einer Art spiritueller Therapie befinden.
Im folgenden Beispiel versucht James van Praagh herauszufinden, welche Motivation die Mutter der Klientin bewegt hat, sich das Leben zu nehmen. Die Sitzung von Nancy ist besonders tragisch, da ihre beiden Eltern sich das Leben genommen hatten. Ihre Mutter war manisch-depressiv und zeit ihres Lebens nicht im Gleichgewicht mit sich selbst. Im Verlauf der Sitzung zeigt sich, dass niemand diesen Suizid hätte verhin-

204

dern können. Nancy will genau wissen, ob ihre Mutter nun glücklich ist, und wo sie ist:

»Ihre Mutter lässt Ihnen sagen, eine Frau habe ihr geholfen, eine Art Beraterin. Ihre Mutter hat ihrem Leben selbst ein Ende gesetzt, aber sie konnte nichts dafür. Sie war psychisch zu sehr gestört. Seit ihrem Tod hat sie daran gearbeitet, ihren Geisteszustand zu verändern und zu lernen, ihre eigene Liebe wieder in ihr Herz einzulassen und die Liebe in sich selbst zu erkennen. Sie ist an einem guten Ort, der ziemlich aussieht wie die Erde, nur schöner. Sie lässt Sie wissen, dass es ihr gut geht. Sie ist bei ihrer Familie, arbeitet aber trotzdem an sich. Sie weiß, dass das niemand für sie tun kann und sie das selbst tun muss. Ihre Mutter hatte ein schrecklich schlechtes Gewissen wegen Ihrem Vater. Sie sagt immer wieder, wie sehr sie sich dafür verantwortlich fühlt.«[67]

Rosemary Altea, eine Mittlerin zwischen der irdischen und der jenseitigen Welt, schreibt in diesem Zusammenhang über den Suizid:

»Manche Menschen glauben, dass wir uns, wenn wir Suizid begehen, an einen dunklen Ort begeben. Dem stimme ich nicht zu. Wenn diese Selbstmörder das Licht brauchen, wird ihnen der Weg gezeigt. Der dunkle Ort existiert einzig in ihnen. Meine Erfahrung zeigt mir, dass auch die, die in ihrem Dasein auf der irdischen Ebene so verwirrt waren, von den Engeln, von den Boten Gottes, zum Licht gebracht werden. Wenn ich mit diesen Unglücklichen spreche, die hier so durcheinander waren, erzählen sie mir oft von ihrer neuen Umgebung, von ihrem Lernen und ihrem Wachstum, was oft keine leichte Sache für sie ist.«[68]

Jede Seele kann nach dem Licht streben und sucht dadurch Vergebung und Wahrheit. Sobald wir im Licht sind, wird jeder von uns mit seiner eigenen Wahrheit konfrontiert. Wir erleben, dass uns vergeben ist, und erfahren Heilung von den Irrungen unseres Lebens.

Resümee

Jeder Tag in unserem Leben hält neue Möglichkeiten für uns bereit, die Umstände unseres Lebens zu verändern oder alte Denkkonzepte aufzugeben. Als Menschen haben wir immer die Möglichkeit, etwas zu verändern. Das fängt damit an, die Verantwortung für das eigene Denken und Handeln zu übernehmen.

Dafür ist es außerordentlich wichtig, die Macht der eigenen Gedanken zu erkennen. Das Leben, das wir heute leben, ist das Ergebnis unserer Gedanken, die unsere Realität erschaffen und Energie sind. Verstorbene machen uns durch Nachtodkontakte oder während medialer Sitzungen darauf aufmerksam, dass wir alle Ängste überwinden können, wenn wir unsere Gedanken verändern. Verstorbene ermutigen uns, verzeihen zu können, um Fehler zu bereinigen und aus dem Gesellschaftsspiel der Projektionen von Schuldzuweisungen an andere auszusteigen.

Nach dem Verlassen des Körpers lernt die Seele aus der höheren geistigen Sicht der Dinge heraus, warum vieles so geschah, wie es geschah – auch noch so schmerzliche oder traurige Erfahrungen. Dadurch sind die Verstorbenen in der Lage, jeden wertzuschätzen, auch die Feinde, da sie nun erkennen, welche Lebenslektion sie daraus gelernt haben. Fehler oder falsche Entscheidungen hätten sich vermeiden lassen, wenn das Ego nicht so sehr im Vordergrund des Handelns gestanden hätte.

Die Verstorbenen sind nach ihrem Tod mit ihrem höheren Selbst verschmolzen, das während ihres Lebens ihre innere Stimme oder Intuition gewesen ist. In Verbindung mit dem kosmischen Gedächtnis erkennen sie, wie ihr Leben wirklich war. Viele Verstorbene versuchen, ihre neu gewonnenen Erkenntnisse an die Lebenden weiterzugeben.

Während unseres Lebens sind wir allzu häufig mit Dingen beschäftigt, über die wir keine Kontrolle haben: Wir können die Vergangenheit nicht loslassen, befinden uns ständig in einem Gedankenstrudel von »hätte–wäre–könnte«, stellen das Geld in den Vordergrund, die Arbeit oder die Familie. Und in all diesen Feldern treffen wir immer wieder Entscheidungen, die wir später bereuen, und geben meist anderen die Schuld dafür.

Was hält uns davon ab, diesen ganzen Ballast zurückzulassen und durch Vergebung und Verzeihen die Eigenverantwortung für unser Tun und unser Leben selbst zu übernehmen? Wir haben immer die Wahl, entweder emotionale Blockaden im Hier und Jetzt aufzulösen oder uns erst im Sterbeprozess mit all den Dingen, die wir bereuen oder nicht erledigt haben, auseinanderzusetzen.

Gefühle und Gedanken, die nicht erlöst sind, verstärken sich in der jenseitigen Welt. Deswegen bitten so viele Verstorbene um Vergebung, was in diesem Buch ausführlich dargestellt wurde. Nach dem Tod können wir weder Gedanken noch Gefühle geheim halten. Unsere Charaktermerkmale und Persönlichkeitsstrukturen, ob mental oder emotional, liegen im Leben nach dem Tod offen, und nichts lässt sich länger verbergen.

Vergebung ist ein Akt der Liebe, aber auch eine bewusste Entscheidung, die wir zu jeder Zeit treffen können. Wenn wir beschließen, einem anderen zu vergeben, ändern wir uns selbst, unser Schicksal und die Welt. Vergebung ist immer ein Geschenk an uns selbst, da die gedankliche und emotionale Bindung an einen früheren Angriff aufgelöst wird. Das ist ein Gefühl von Gnade und Befreiung, wenn die Gedanken nicht länger an die Vergangenheit gebunden sind. Groll und Wut, die uns das Leben so schwer machten, lösen sich auf. Wir fin-

208

den den inneren Frieden wieder durch Verzeihen. Wir verfügen alle über die Macht, unser Leben voranzubringen. Deswegen sind wir nie Opfer unserer Lebensumstände. Verzeihen ist immer möglich.

Anhang

Einstimmung auf den Kontakt mit einem Verstorbenen

Du kannst den Kontakt mit einem Verstorbenen nicht erzwingen. Es ist aber möglich, darum zu bitten oder Verstorbene in deine Träume einzuladen. Jedes Gebet ist dabei hilfreich. Liebe bleibt die ewige Verbindung, und dadurch bleibst du durch die Gedanken mit einem geliebten Verstorbenen verbunden – zu jeder Zeit und an jedem Ort.

Erkunde deine Seeleninnenräume, erspüre die innewohnende Verbindung mit der Ewigkeit, in der es keine Trennung gibt. All das ist der göttliche Lebensfunke in jedem Menschen. Erkenne als Erdenpersönlichkeit, dass deine Seele der Schnittpunkt zwischen dieser und der jenseitigen Welt ist.

Jeder Kontakt mit einem Verstorbenen ist ein zutiefst seelisches Erleben. Spüre und horche in Ruhe und Stille auf die Impulse deiner inneren Stimme der Intuition. Stelle eine einfache Frage an den Verstorbenen ohne jede Erwartung. Sei aufmerksam und geduldig. Sprich den Verstorbenen direkt in Gedanken an oder durch laut ausgesprochene Worte. Es mag eine Zeit dauern, bis du etwas in deinem Inneren spürst. Je mehr Vertrauen du aufbringst, desto wahrscheinlicher wirst du ein Zeichen bekommen.

Die Verstorbenen sind immer um uns, da es keine Trennung zwischen dieser und der jenseitigen Welt gibt. Wir sind so viel mehr als unser kleines Erden-Ich, welches sich durch den Verstand allzu schnell begrenzt und viel zu wichtig nimmt. Versuche, deinen Gedankenspiralen zu entkommen, und spüre die Liebe in dir, die dich mit der anderen Welt verbindet und dich in ein erweitertes Bewusstsein trägt. Das ist der geistige Raum der Begegnung mit Verstorbenen. In dieser Raum- und Zeitlosigkeit wirst du erleben, dass niemand jemals allein ist, da wir durch die Liebe Gottes immer getragen sind, ebenso wie die Verstorbenen. Dadurch kann nichts jemals verloren gehen.

Stimme dich ein auf die Anwesenheit, die Gegenwart eines geliebten Angehörigen. Entspanne dich und atme tief durch. Öffne dein Herz, lasse deine Gefühle fließen und lasse dich in den Augenblick fallen. Mache dich empfänglich für die subtilen Seelenimpulse. Du möchtest ein Zeichen und willst wissen, ob der Verstorbene um dich ist, wie es ihm geht und ob er weiterlebt.

Plötzlich spürst du tief in deinem Inneren, dass sich jemand mit dir im gleichen Raum befindet. Intuitiv weißt du, wer es ist. Du spürst die spezifische Ausstrahlung eines bestimmten Verstorbenen und kannst es erst nicht fassen. Vielleicht teilt sich die Anwesenheit auch durch ein Geruchsempfinden mit, ein Parfüm oder ein Tabakgeruch, den du mit dem Verstorbenen in Verbindung bringst.

Du fühlst eine unmittelbare Nähe und bist eingehüllt in Liebe, Wärme und Geborgenheit. Das ist der dir vertraute Impuls, der aus deiner Seele aufsteigt – von innen nach außen. Du vernimmst eine Stimme, die zu dir spricht, oder eine telepathische Gedankenübertragung.

In diesem Augenblick des Hier und Jetzt der Ewigkeit öffnet sich deine Seele für die feine Gegenwart des Verstorbenen und für einen zeitlosen Moment hebt sich der Schleier zwischen dieser und der anderen Welt auf. Der Verstorbene will dir mitteilen, dass es ihm gut geht, dass du dir keine Sorgen machen sollst um seinen Verbleib, dass er immer bei dir ist und dich zum gegebenen Zeitpunkt erwartet.

Du ahnst, dass es keine Trennung gibt. Das Gegenwartsempfinden ist ein Geschenk, das dir gegeben wird, es geht von dem geliebten Verstorbenen aus. Das ist ein tiefer Ausdruck der

Echtheit der Begegnung. Nimm dieses Geschenk an und vertraue deiner inneren Wahrnehmung, dann wirst du nie mehr allein sein.

Verzeihen

Suchen Sie sich einen bequemen Platz, an dem Sie ungestört sind. Atmen Sie tief ein und aus und folgen mit Ihrer Aufmerksamkeit dem Ein- und Ausatmen. Spüren Sie die pulsierende Energie und die Impulse Ihrer inneren Stimme. Atmen Sie tief ein und aus.

Einstimmung

Vergebung ist der einzige Schlüssel, die Altlasten unseres Lebens von Hass, Schuld oder Kränkung zu befreien. Vergebung ist ein Akt bedingungsloser Liebe. Wer sich selbst und anderen vergeben kann, entlastet den anderen von Schuld und sich selbst von den Fesseln der Vergangenheit, die nicht mehr ist. Nur dadurch erreichen wir ein unbelastetes Sein in der Gegenwart des Hier und Jetzt. Wir übernehmen die Eigenverantwortung und befreien uns von den schädlichen Einflüssen jeglicher Negativität, die Mangel an Liebe sind. Wut, Groll, Aggressionen sowie unnötige Schuldgefühle behindern den Alltag und den freien Fluss des Lebens. Nur durch Verzeihen lösen sich alte Wunden auf, und wir erlangen Unbeschwertheit.

Meditation

Ich atme tief ein und aus.
Ich vergebe allen, die mich verletzt haben,
und nehme den anderen an, wie er ist.
Ich nehme mich selbst an, wie ich bin.
Ich erlange wahre Freiheit.

Ich atme tief ein und aus.
Wenn ich das Leben annehme, wie es ist,
empfange ich die Kraft des Loslassens
durch Vergebung, die Liebe ist,
die einzig wahre Wirklichkeit.

Ich atme tief ein und aus.
Ich erkenne, dass Wut Mangel an Liebe ist.
Ich kann durch eine einzige Entscheidung,
verzeihen zu wollen,
alle quälenden Energien der Vergangenheit auflösen!

Ich atme tief ein und aus.
Verzeihen ist immer möglich,
da es nichts Unverzeihliches gibt.
Das ist wahrhaftiger Frieden,
der nur durch Vergebung möglich wird.

Ich atme tief ein und aus.
Ich bin im Kontakt mit einer Schuld, die mich plagt,
mit etwas, was ich mir nicht vergeben kann.
Ich vertraue auf mein inneres Wissen,
dass ich Liebe bin.

Ich atme tief ein und aus.
Kein Konflikt entsteht von selbst.
Jeder Einzelne trägt dazu bei.
Deswegen stelle ich mir immer die Frage,
was die Liebe tun würde?

Ich atme tief ein und aus
und öffne langsam die Augen!

Wie finde ich mein höheres Selbst

Suche dir einen bequemen Ort
in deiner Wohnung,
an dem du nicht gestört werden kannst.
Nehme dir täglich eine halbe Stunde Zeit,
um dich zu entspannen
und deine Gedanken zur Ruhe zu bringen.
Der Kontakt mit dem höheren Selbst
stellt sich ein,
wenn du wirklich dazu bereit bist.

Atme tief ein und aus.
Richte deine Aufmerksamkeit auf das Fließen des Atems,
der Verbindung mit der innewohnenden Kraftquelle,
die hinter dem physischen Herzen liegt.
Dieses heilige Herz
ist die Mitte und Verbindung zum göttlichen Kern.
Atme tief ein und aus.

Spüre, wie sich die Herzfrequenz verändert,
wie Wärme und Liebe
dich von innen nach außen durchströmen.
Stelle eine beliebige Frage,
um mit deiner inneren Stimme in Kontakt zu treten.
Atme tief ein und aus.

Was ist der erste Impuls, den du vernimmst?
Hörst du ein Wort oder einen Satz
oder siehst du ein inneres Bild?
Eine Woge von Geborgenheit und Liebe durchflutet dich.
Atme tief ein und aus.

Das Vertraute einer spürbaren Gegenwart
wird dir bewusst.
Ein Strom nie gekannter Liebe durchströmt dich,
ein Körperteil wird warm.
Das ist der Fels in dir,
auf den du bauen kannst.

Atme tief ein und aus.
Diese Präsenz, diese innere Stimme,
die dich stets durch dein Leben begleitet,
ist das Unwandelbare, Ewige in dir.
Es ist dein höheres Selbst,
der unverkörperte geistige Aspekt deines Erden-Ichs.
Atme tief ein und aus.

Durch dieses innewohnende Energiezentrum
bekommst du alle Fragen.
Vertraue darauf, immer geborgen zu sein.
Wenn du jetzt in deinem Körper
wieder zu dir kommst,
bist du eins mit dieser Gegenwart.
Atme tief ein und aus
und öffne langsam deine Augen.

Dank

Ich danke der geistigen Welt und vor allem meinem höheren Selbst Gregory für die zahlreichen Fügungen und Synchronizitäten, die mein Leben so unendlich bereichern.
Besonders danke ich meiner Ewigkeitsfreundin Corinna Knoop für ihre ungeteilte Aufmerksamkeit meiner Arbeit gegenüber. Das war mir stets eine Hilfe.
Ich danke dem nymphenburger-Verlagsteam für die langjährige Unterstützung und besonders meiner Lektorin Sabine Jaenicke für die vielen inspirierenden und hilfreichen Gespräche.
Ich danke auch meiner Freundin Elisabeth aus Kärnten für unsere wunderbaren Spaziergänge am Wörthersee und die tief gehenden Gespräche.
Nicht zuletzt danke ich Christian Libik für seine überaus einfühlsame Hilfe bei der Erstellung meiner Manuskripte.

Kontakt

Nähere Informationen zum Autor finden Sie unter:
www.sterbeforschung.de

Wenn Sie Ihre persönlichen Erlebnisse schriftlich mitteilen möchten, wenden Sie sich bitte an:

Bernard Jakoby
c/o nymphenburger Verlag
Thomas-Wimmer-Ring 11
D-80539 München

www.nymphenburger-verlag.de

218

Anmerkungen

1 Ring, Kenneth, Den Tod erfahren, das Leben gewinnen. Bergisch-Gladbach 1988, S. 82.
2 Brinkley, Dannion, Geborgen im Licht. Die wahre Geschichte des Mannes, der zweimal starb. München 2009, S. 41.
3 Högl, Stefan, Leben nach dem Tod? Menschen berichten von ihren Nahtod-Erfahrungen. Rastatt 1998, S. 56.
4 Bergermann, Ernest u. a., Verständnisvoll miteinander leben bis zuletzt. Ein Buch, geschrieben von Patienten und Ärzten. Vechta-Langförden 2002, S. 82.
5 Imhof, Beat, Mut zum Leben. Psychologische Lebenshilfe. Solothurn 1998, S. 202.
6 Vergleiche dazu: Ware, Bronnie, The Top Five Regrets of the Dying. A Life Transformed by the Early Departing. Bloomington 2011.
7 Osis, Karlis und Haraldsson, Erlendur, Der Tod – Ein neuer Anfang. Visionen und Erfahrungen an der Schwelle des Seins, Freiburg 1982, S. 47.
8 Vergleiche dazu: Kessler, David, Am Ende ist da nur Freude. Was Sterbenden auf dem Weg ins Jenseits begegnet. München 2011, S. 240 f.
9 Ebenda, S. 56 f.
10 Serwaty, Alois und Nicolay, Joachim (Hg.), Begegnung mit Verstorbenen? Beiträge aus Wissenschaft und Therapie zu einem tabubesetzten Thema. Goch 2010, S. 208.
11 Ebenda, S. 208 f.
12 Ebenda, S. 213.
13 Ebenda, S. 212.
14 Nahm, Michael, Wenn die Dunkelheit ein Ende findet. Terminale Geistesklarheit und andere ungewöhnliche Phänomene in Todesnähe. Amerang 2012, S. 198.
15 Ebenda, S. 135.
16 Berman, Phillip L., Wir sind nicht getrennt vom Himmel. Mystik und Nahtoderfahrung. Amerang 2012, S. 84 f.

17 Moody, Raymond und Perry, Paul, Zusammen im Licht. Was Angehörige mit Sterbenden erleben. München 2011, S. 65 f.
18 Ebenda, S. 16.
19 Ebenda, S. 108.
20 Ebenda, S. 20.
21 Ebenda, S. 24.
22 Ebenda, S. 110.
23 Ebenda, S. 51.
24 Serwaty/Nicolay, Begegnung mit Verstorbenen, S. 61–91.
25 Ebenda, S. 79.
26 Guggenheim, Bill und Judy, Trost aus dem Jenseits. München 1997, S. 69 f.
27 Ewald, Günter, Auf den Spuren der Nahtoderfahrungen. Gibt es eine unsterbliche Seele? Kevelaer 2011, S. 87 ff.
28 Ebenda, S. 89 f.
29 Guggenheim, Trost aus dem Jenseits, S. 32.
30 Jell, Lucy, Alex – Die Botschaft aus dem Jenseits, Frankfurt a. M. 2008, S. 77 f.
31 Guggenheim, Trost aus dem Jenseits, S. 36.
32 Ebenda, S. 64 f.
33 Ebenda, S. 71.
34 Ebenda, S. 53 f.
35 Ebenda, S. 57.
36 Ebenda, S. 98 f.
37 Ebenda, S. 76.
38 Ebenda, S. 80 f.
39 Ebenda, S. 40.
40 Ebenda, S. 41.
41 Serwaty/Nicolay, Begegnung mit Verstorbenen, S. 180.
42 Ebenda, S. 184.
43 Ebenda, S. 187.
44 Jakoby, Bernard, Begegnungen mit dem Jenseits. Zum Phänomen der Nachtod-Kontakte. Reinbek bei Hamburg 2006, S. 96 f.
45 Guggenheim, Trost aus dem Jenseits, S. 162 f.
46 Harder, Bernd, Warum die Uhr stehenblieb, als Opa starb. Merkwürdige Zufälle und unerklärliche Phänomene, München 2010, S. 14.
47 Jakoby, Begegnungen mit dem Jenseits, S. 132.
48 Ebenda, S. 167.
49 Guggenheim, Trost aus dem Jenseits, S. 240 f.

50 Fiore, Edith, Besessenheit und Heilung. Die Befreiung der Seele. Güllesheim 1997, S. 42.
51 Ebenda, S. 48.
52 Guggenheim, Trost aus dem Jenseits, S. 98.
53 Ebenda, S. 300.
54 Ebenda, S. 140 f.
55 Serwaty/Nicolay, Begegnung mit Verstorbenen, S. 142.
56 Ebenda, darin: Juliane Grodhues, IADC – ein neuer Weg zur Heilung von Trauma und Trauer, S. 139–153.
57 Botkin, Allan und Hogan, Craig, Zwischen Trauer und Versöhnung. IADC: Therapeutische Kommunikation mit Verstorbenen – Heilung von Schuld und Trauma. Kirchzarten bei Freiburg 2009, S. 160.
58 Ebenda.
59 Ebenda, S. 163.
60 Ebenda, S. 165 f.
61 Ebenda, S. 171.
62 Ebenda, S. 176.
63 Meek, Paul, Der Himmel ist nur einen Schritt entfernt. Mein Weg zum Medium. München 2002, S. 208.
64 Praagh, James van, Und der Himmel tat sich auf. Jenseitsbotschaften: Die geistige Welt und das Leben nach dem Tode. München 1997. S. 145 f.
65 Ray-Wendling, Anne, Mein Kontakt mit dem Jenseits. München 2001, S. 69.
66 Ebenda, S. 71.
67 Praagh, Und der Himmel tat sich auf, S. 157.
68 Altea, Rosemary, Sag ihnen, dass ich lebe. Der Adler und die Rose – Mittler zwischen irdischer und jenseitiger Welt. München 1995, S. 131.

Literatur

Altea, Rosemary, Sag ihnen, dass ich lebe. Der Adler und die Rose – Mittler zwischen irdischer und jenseitiger Welt. München 1995.

Bergermann, Ernest u. a., Verständnisvoll miteinander leben bis zuletzt. Ein Buch, geschrieben von Patienten und Ärzten. Vechta-Langförden 2002.

Berman, Phillip L., Wir sind nicht getrennt vom Himmel. Mystik und Nahtoderfahrung. Amerang 2012.

Botkin, Allan und Hogan, Craig, Zwischen Trauer und Versöhnung. IADC: Therapeutische Kommunikation mit Verstorbenen – Heilung von Schuld und Trauma. Kirchzarten bei Freiburg 2009.

Brinkley, Dannion, Geborgen im Licht. Die wahre Geschichte des Mannes, der zweimal starb. München 2009.

Ewald, Günter, Auf den Spuren der Nahtoderfahrungen. Gibt es eine unsterbliche Seele? Kevelaer 2011.

Guggenheim, Bill und Judy, Trost aus dem Jenseits. München 1997.

Harder, Bernd, Warum die Uhr stehenblieb, als Opa starb. Merkwürdige Zufälle und unerklärliche Phänomene. München 2010.

Högl, Stefan, Leben nach dem Tod? Menschen berichten von ihren Nahtod-Erfahrungen. Rastatt 1998.

Imhof, Beat, Mut zum Leben. Psychologische Lebenshilfe. Solothurn 1998.

Jakoby, Bernard, Begegnungen mit dem Jenseits. Zum Phänomen der Nachtod-Kontakte. Reinbek bei Hamburg 2006.

Jakoby, Bernard, Gesetze des Jenseits. Botschaften von Gregory. München 2009.

Jell, Lucy, Alex – Die Botschaft aus dem Jenseits. Frankfurt a. M. 2008.

Kessler, David, Am Ende ist da nur Freude. Was Sterbenden auf dem Weg ins Jenseits begegnet. München 2011.

Meek, Paul, Der Himmel ist nur einen Schritt entfernt. Mein Weg zum Medium. München 2002.

Moody, Raymond und Perry, Paul, Blick hinter dem Spiegel. Botschaften aus der anderen Welt. München 1994.

222

Moody, Raymond und Perry, Paul, Zusammen im Licht. Was Angehörige mit Sterbenden erleben. München 2011.

Nahm, Michael, Wenn die Dunkelheit ein Ende findet. Terminale Geistesklarheit und andere ungewöhnliche Phänomene in Todesnähe. Amerang 2012.

Osis, Karlis und Haraldsson, Erlendur, Der Tod – Ein neuer Anfang. Visionen und Erfahrungen an der Schwelle des Seins. Freiburg 1982.

Praagh, James van, Und der Himmel tat sich auf. Jenseitsbotschaften: Die geistige Welt und das Leben nach dem Tod. München 1997.

Ray-Wendling, Anne, Mein Kontakt mit dem Jenseits. München 2001.

Ring, Kenneth, Den Tod erfahren, das Leben gewinnen. Bergisch Gladbach 1988.

Serwaty, Alois und Nicolay, Joachim (Hg.), Begegnung mit Verstorbenen? Beiträge aus Wissenschaft und Therapie zu einem tabubesetzten Thema. Goch 2010.

Ware, Bronnie, The Top Five Regrets of the Dying. A Life Transformed by the Early Departing. Bloomington 2011.